云南大学民族与边疆学部资助出版

云南少数民族档案
信息资源开发利用研究

李娅佳 著

中国社会科学出版社

图书在版编目（CIP）数据

云南少数民族档案信息资源开发利用研究／李娅佳著 . —北京：中国社会科学出版社，2022.5
ISBN 978 – 7 – 5227 – 0152 – 3

Ⅰ.①云… Ⅱ.①李… Ⅲ.①少数民族—档案利用—研究—云南 Ⅳ.①G279.277.4

中国版本图书馆 CIP 数据核字（2022）第 071436 号

出 版 人	赵剑英
责任编辑	孔继萍
责任校对	闫 萃
责任印制	郝美娜

出　　版	中国社会科学出版社
社　　址	北京鼓楼西大街甲 158 号
邮　　编	100720
网　　址	http://www.csspw.cn
发 行 部	010 – 84083685
门 市 部	010 – 84029450
经　　销	新华书店及其他书店
印　　刷	北京君升印刷有限公司
装　　订	廊坊市广阳区广增装订厂
版　　次	2022 年 5 月第 1 版
印　　次	2022 年 5 月第 1 次印刷
开　　本	710×1000　1/16
印　　张	11.5
字　　数	151 千字
定　　价	68.00 元

凡购买中国社会科学出版社图书，如有质量问题请与本社营销中心联系调换
电话：010 – 84083683
版权所有　侵权必究

摘　　要

本书以《云南少数民族档案信息资源开发利用研究》为选题，在总结近年来云南省各级档案部门开展的少数民族档案资源建设的基础上，借鉴其成功经验和做法，试图厘清云南少数民族档案信息资源开发利用的基本概念，梳理云南少数民族档案信息资源开发利用的相关理论，探讨云南少数民族档案信息资源开发利用的特色、方法和实现路径，分析云南少数民族档案信息资源开发利用的成就、特点和存在的问题，提出改进云南少数民族档案信息资源开发利用的对策措施，对推动当前具有云南边疆民族特色的档案信息资源开发利用工作的发展具有一定的参考和借鉴作用。

全书由绪论、正文和结语三部分组成。

绪论主要介绍了研究意义、文献综述、研究途径、研究方法、创新之处等内容。

正文由云南少数民族档案信息资源开发利用的概念、依据和意义，云南民族档案信息资源开发利用的特色、方法和途径，云南少数民族档案信息资源开发利用的成就和特点，云南少数民族档案信息资源开发利用存在的问题，云南少数民族档案信息资源开发利用存在的问题五章组成：

第二章：云南少数民族档案信息资源开发利用的概念、依据和意义。界定了档案信息资源、少数民族档案信息资源、档案信息资源开发利用、云南少数民族档案信息资源开发利用的概念；指出了相关的理论依据：档案资源开发理论、信息资源共享理论、多元文化服务理论、档案信息化建设理论、民族档案学理论；阐明了开展这项工作的重要意义。

第三章：云南民族档案信息资源开发利用的特色、方法和途径。总结了突出普洱茶、旅游档案、医药档案以及重点、珍稀、濒危档案的开发利用、树立精品、品牌意识、注重深度挖掘和学术研究等特色；论述了汇编公布民族档案史料、编辑刊印民族档案画册图片、编辑发行民族档案信息参考、编辑出版民族档案知识读本、拍摄制作民族档案影视专题片、举办民族档案文化展览、实施民族历史记忆工程（云南民族记忆工程）、建设云南非物质文化遗产资源数据库系统、建立全省范围内的少数民族历史档案数据库等方法；探讨了科学选题、打造品牌、引智借脑、横向联合、内外结合、加强编研、开发产品、扩大宣传、开展教育、举办活动等途径。

第四章：云南少数民族档案信息资源开发利用的成就和特点。笔者选择了8个有代表性和典型意义的开发利用案例进行实证研究，重点展现了阿诗玛档案资料、爨氏石刻档案、白族档案史料、彝族档案文献、纳西族东巴档案文献、傣族历史档案、民俗文化档案、壮族档案史料开发利用取得的突出成就和丰硕成果；分析了开发利用主体多元化、开发利用客体社会化、开发利用方法手段现代化、编纂成果数量巨大，类型丰富多彩、编纂成果载体形式趋于多样化、开发利用取得成功的关键因素较多等特点。

第五章：云南少数民族档案信息资源开发利用存在的问题。根据笔者实地走访、专家咨询和文献调研了解到的情况，分析了目前云南少数民族档案资源开发利用存在的一些问题。如：馆藏类型单一、原生性档案少，不能满足社会需求；缺少科学的方法、技术和实现路径；缺乏有效的工作模式和创新机制；数字化、网络化、信息化服务水平较低；理论探讨不够，实践经验不足，相关成果稀少等。

第六章：云南少数民族档案信息资源开发利用的对策措施。针对实际工作中存在的问题和不足，提出了一些有可行性的对策措施，如：围绕地方民族特色开展档案开发利用工作、探索少数民族档案资源开发利用的方法和途径、创新少数民族档案资源开发利用的工作机制、打造少数民族档案资源利用体系的新模式、加强少数民族档案资源开发利用的学术研究。

结语包括研究的几点启示、不足之处及展望、主要参考文献、后记。

ABSTRACT

Based on the study of the exploitation and utilization of ethnic archival information resources in Yunnan, by summarizing the construction of ethnic archival resources carried out by archival departments at all levels in Yunnan in recent years, and guided by their successful experiences and practices, this thesis tries to clarify the basic concepts of the exploitation and utilization of ethnic archival information resources in Yunnan; sort out relevant theories; probe into the achivements features, methods and paths of exploiting and utilizing the ethnic archival information resources in Yunnan; analyze the characteristics, achievements and problems of ethnic archival information resources in Yunnan, put forward improvement measures. The value of this thesis is to give advisable reference to the promotion of ethnic archival information resources in Yunnan.

The thesis is composed of three parts: the preface, the thesis proper and the conclusion.

The preface mainly introduces the significance of the study, literature review, research approaches, methods applied, innovations and so on.

The thesis proper comprises five parts, namely: the concepts, basis and significance of exploiting and utilizing the ethnic archival information resources in Yunnan; the features, methods and paths of exploiting and utilizing the ethnic archival information resources in Yunnan; the achievements and characteristics of exploiting and utilizing the ethnic archival information resources in Yunnan; the existing problems and measures of exploiting and utilizing the ethnic archival information resources in Yunnan.

The first part is about the concepts, basis and significance of exploiting and utilizing the ethnic archival information resources in Yunnan. The definitions of archival information resources, ethnic archival information resources, exploitation and utilization of archival information resources, exploitation and utilization of thnic archival information resources in Yunnan are given in this part. Theories of exploitation of archival resources, information resource sharing, multi-cultural service, construction of archival informationization, ethnic archival science are discussed in this part. Furthermore, the first part elaborates the significance of the study.

The second part is about the features, methods and paths of exploiting and utilizing the ethnic archival information resources in Yunnan. In this part, exploitation and utilization of archives of Pu'er Tea, tourist archives, medical archives and key rare and endangered archives is discussed characterizing establishment of quality counciousness, brand counciousness, in-depth study and scientific research. It is also discussed in this part compiling and publicizing of ethnic archival materials, editing and publishing of ethnic archival pictorials, issuing ethnic archival information reference, publishing popular books on ethnic archives, shooting films on ethnic archives, hosting exhibition of ethnic archives, carrying out projects on memories of ethnic groups in Yunnan, construction of intangible cultural heritage database and archival database of ethnic groups in Yunnan. Approaches discussed in this part are scientific selection of topics, brand forging, introduction of foreign intelligence, intersectoral links, combining internal work with external work, focusing on compiling and research, publicizing, educating the related and hosting activities.

The third part is about the features, methods and paths of exploiting and utilizing the ethnic archival information resources in Yunnan. The author has chosen 8 typical cases for study, focusing on demonstrating the achievements in exploitation and utilization of Ashima archives, the Cuan stone archives, the Bai archives, archival files of the Yi, the Naxi Dongba archival files, the Dai historical archives, the folk culture archives, archives of the Zhuang folk culture. This part of the thesis also analyzes the diversification of the subject of exploitation and utilization, the socialization of the object, the modernization of the approaches, the huge quantity of compiling work, diversified types and forms of carries of compilation as well as the key factors affecting the exploitation and utilization of ethnic archival resources in Yunnan.

The fourth part is about the existing problems in exploiting and utilizing the ethnic archival information resources in Yunnan. Through on-the-spot study, consulting experts and literature investigation, the author elaborates in this part the problems in exploiting and utilizing the ethnic archival information resources in Yunnan. The problems are: lack of variety in collection, lack of original archives, unable to meet the social needs; lack of scientific approaches, technology and paths; lack of an effective mode and innovative mechanism; a lower level of digitalization, networking and informationization and not enough study on theories, insufficient experience and scarce scientific findings.

The fifth part is about measures of exploiting and utilizing the ethnic archival information resources in Yunnan. In this part, some feasible countermeasures are put forward to overcome the shortcomings and solve the existing problems. The measures are: the exploitation and utilization of ethnic archival resources should center on local ethnicity; finding new ways of exploiting and utilizing ethnic archival resources, innovating mechanism of exploiting and utilizing ethnic archival resources, forging new models of exploiting and utilizing ethnic archival resources, strengthening academic researches on exploiting and utilizing ethnic archival resources.

The conclusion focuses on enlightenments, defects and prospects of the study, the main reference documents, the list of academic papers published in the course of study and acknowledgements.

目 录

第一章 绪论 …………………………………………… (1)
 第一节 研究意义 …………………………………… (1)
 第二节 文献综述 …………………………………… (4)
  一 研究视角和内容 ……………………………… (4)
  二 对研究现状的总结评价 ……………………… (16)
 第三节 研究途径 …………………………………… (18)
  一 调研和收集资料 ……………………………… (18)
  二 分析和解决问题 ……………………………… (18)
  三 总结并得出结论 ……………………………… (18)
 第四节 研究方法 …………………………………… (19)
  一 调查研究法 …………………………………… (19)
  二 经验总结法 …………………………………… (19)
  三 跨学科研究法 ………………………………… (19)
 第五节 创新之处 …………………………………… (20)
  一 选题有新意 …………………………………… (20)
  二 研究视角较综合 ……………………………… (20)
  三 提出了一些创新见解 ………………………… (20)

第二章　云南少数民族档案信息资源开发利用的概念、依据和意义 …………（22）

第一节　基本概念 …………（22）
一　少数民族档案 …………（22）
二　少数民族档案信息资源 …………（23）
三　云南少数民族档案信息资源开发利用 …………（25）

第二节　理论依据 …………（26）
一　档案资源开发理论 …………（27）
二　信息资源共享理论 …………（28）
三　多元文化服务理论 …………（29）
四　档案信息化建设理论 …………（29）
五　民族档案学理论 …………（35）

第三节　目的意义 …………（36）
一　目的 …………（36）
二　意义 …………（37）

第三章　云南少数民族档案信息资源开发利用的特色、方法和途径 …………（38）

第一节　特色 …………（38）
一　突出普洱茶档案和旅游档案的开发利用 …………（38）
二　深化民族医药档案文献的开发利用 …………（42）
三　加强重点、珍稀、濒危档案的开发利用 …………（43）
四　树立精品、品牌意识 …………（47）
五　注重深度挖掘和学术研究 …………（53）

第二节　方法 …………（54）

一　汇编公布民族档案史料……………………………（54）
　二　编辑民族档案画册图片、信息参考、
　　　知识读本………………………………………………（63）
　三　摄制民族档案影视专题片……………………………（66）
　四　举办民族档案文化展览………………………………（67）
　五　实施民族历史记忆工程（云南民族记忆
　　　工程）…………………………………………………（67）
　六　建设云南非遗资源数据库、历史档案数据库……（69）
第三节　途径……………………………………………………（77）
　一　科学选题、打造品牌…………………………………（77）
　二　加强编研、开发产品…………………………………（78）
　三　引智借脑、横向联合、内外结合……………………（80）
　四　扩大宣传、开展教育、举办活动……………………（83）

第四章　云南少数民族档案信息资源开发利用的成就和特点……………………………………………（88）
第一节　开发利用的成就………………………………………（89）
　一　石林阿诗玛档案资料的开发利用享誉海内外……（90）
　二　曲靖爨氏石刻档案的开发利用发现了新史料……（91）
　三　大理白族档案史料的开发利用独树一帜…………（96）
　四　楚雄彝族档案文献的开发利用成就突出…………（101）
　五　丽江纳西族东巴档案文献的开发利用
　　　成果丰硕………………………………………………（104）
　六　西双版纳傣族历史档案的开发利用
　　　成效显著………………………………………………（108）
　七　红河民俗文化档案的开发利用全面开花…………（111）

八　文山壮族档案史料的开发利用争奇斗艳 ………（113）
第二节　开发利用的特点 ……………………………（114）
　　一　开发利用主体多元化 ……………………………（114）
　　二　开发利用模式社会化 ……………………………（114）
　　三　开发利用方法手段现代化 ………………………（115）
　　四　编纂成果数量巨大，类型丰富多彩 ……………（117）
　　五　编纂成果的载体形式趋于多样化 ………………（117）
　　六　开发利用取得成功的关键因素较多 ……………（118）

第五章　云南少数民族档案信息资源开发利用存在的问题 …………………………………（119）

第一节　馆藏类型单一，不能满足社会需求 ………（119）
第二节　缺少科学的方法、技术和实现路径 ………（122）
第三节　缺乏有效的工作模式和创新机制 …………（123）
第四节　数字化、网络化、信息化服务水平较低 …（124）
第五节　理论探讨不够，实践经验不足，相关成果稀少 ……………………………………（125）

第六章　云南少数民族档案信息资源开发利用的对策措施 ……………………………………（128）

第一节　围绕地方民族特色开展档案开发利用工作 ……………………………………（128）
　　一　突出抓好特色产业、支柱产业的开发工作 ……（128）
　　二　充分挖掘和整合民族民间丰富深厚的档案资源 …………………………………………（129）
第二节　探索少数民族档案资源开发利用的方法和

途径……………………………………………………（131）
　　一　建立少数民族档案资源开发利用的规范和
　　　　标准……………………………………………（131）
　　二　提出少数民族档案资源开发利用的方法和
　　　　技术……………………………………………（132）
　　三　加大少数民族档案信息开放公布的进度和
　　　　力度……………………………………………（134）
　　四　加快推进少数民族档案的网络信息查询和其他咨询
　　　　服务……………………………………………（135）
　　五　强化少数民族档案信息的资源整合与社会共享
　　　　服务……………………………………………（137）
第三节　创新少数民族档案资源开发利用的工作
　　　　机制……………………………………………（140）
　　一　资源整合机制……………………………………（140）
　　二　开发合作机制……………………………………（141）
　　三　社会共享机制……………………………………（142）
　　四　人才培养机制……………………………………（143）
　　五　资金保障机制……………………………………（145）
第四节　打造少数民族档案资源开发利用体系的
　　　　新模式…………………………………………（146）
　　一　少数民族口述历史档案资源开发利用的
　　　　新模式…………………………………………（146）
　　二　少数民族非物质文化遗产档案资源开发利用的
　　　　新模式…………………………………………（149）
第五节　加强少数民族档案资源开发利用的学术
　　　　研究……………………………………………（152）

一　总结实践经验，提升理论高度 …………………（152）
二　构建全方位、多层次档案利用体系 ……………（153）
三　加强"少数民族档案开发利用"专题研究 ……（154）

结　语 ……………………………………………………（155）
一　几点启示 …………………………………………（155）
二　研究不足与展望 …………………………………（157）

参考文献 …………………………………………………（159）

后　记 ……………………………………………………（169）

第 一 章

绪　　论

第一节　研究意义

2008年，中央档案馆馆长、国家档案局局长杨冬权在全国档案工作会议上提出档案工作要以人本为核心，重点实现"两个转变"，建立"两个体系"。2010年5月，在全国档案安全体系建设工作会议上又提出"建立确保档案安全保密的档案安全体系"，由此"两个体系"又变为"三个体系"，即"建立覆盖人民群众的档案资源体系；建立方便人民群众的档案利用体系；建立确保档案安全保密的档案安全体系"。

"三个体系"是科学发展观在档案领域的具体体现，涵盖了具有中国特色档案事业建设的主要内容，这是档案工作在新时期、新阶段贴近民生、走向民生、服务民生，贯彻"以人为本、服务先行、安全第一"三大战略决策的思考，也是我国档案工作理论体系的创新。而"三个体系"中的第二个体系"建立方便人民群众的档案利用体系"则为开展云南少数民族档案资源的开发利用提供了理论依据，同时也为边疆民族地区档案事业的跨越式发展提供了理论指导。

2014年3月，中共中央、国务院办公厅下发了《关于加强和改进新形势下档案工作的意见》，这是做好新形势下档案工作，建设档案强国的纲领性指导文件。2014年6月9日，云南省委、省政府办公厅在全国首先制定出台了《关于加强和改进新形势下档案工作的实施意见》，产生了较大影响。[①]

为进一步加强和改进全省档案宣传及档案文化产品开发工作，扩大档案工作影响力，提升档案服务水平，云南省档案局制定下发了《关于加强新形势下档案宣传工作的意见》和《关于推进档案文化产品开发的意见》，要求各级档案部门"要结合实际，逐步开发当地少数民族发展历程的档案图文类产品，形成少数民族档案文化系列产品"。这些重要的纲领性、指导性文件不仅为云南档案事业的工作和发展指明了方向，而且为边疆多民族地区档案工作的跨越式发展提供了强有力的政策支持。

在中共中央、国务院办公厅下发的《关于加强和改进新形势下档案工作的意见》的纲领性文件指导下，在云南省委、省政府全力推动"三个发展""三个定位"和"信息边疆"建设的大背景下，为打造云南少数民族档案品牌，保护和传承云南各民族的历史记忆，推动云南民族文化大发展大繁荣，云南省各级档案部门以服务民生为引领，抓住机遇、找准定位、突出重点、彰显特色、自觉参与，大力开展少数民族档案的抢救与保护工作，积极探索少数民族档案资源建设，科学构建边疆多民族档案资源体系，深入研究档案利用服务和档案宣传工作的新思路与新途径，充分发挥档案资源的文化功能和独特作用，努力在新一轮西部大开发和民族文化建设大潮中推动云南省民

[①]《关于加强和改进新形势下档案工作的实施意见》，《云南档案》2014年第6期。

族档案文化品牌的树立，推动云南多元民族档案工作在服务云南民族文化强省中取得新突破，在"七彩云南"的美丽画卷上写下档案人浓墨重彩的一笔。

开发利用是实现少数民族档案信息资源珍贵价值和独特作用的主要手段和途径，是档案管理工作的最终目标和任务。在新时期、新形势下研究和探讨这一问题具有重要现实意义。

一是有利于促进各级档案部门和档案工作者对少数民族档案资源建设的深入探讨和研究，积极探索新时期边疆少数民族档案信息资源开发利用的有效方法和途径，建立和发展"民族档案学"的学科体系，尽快开展对少数民族档案资源整合、加工、提供利用和服务的研究，以指导这项工作的顺利开展。

二是有利于推动少数民族档案资源开发利用工作取得新进展和新突破。在继承和发扬我国档案利用工作优良传统的同时，不断吸收和借鉴新的理论知识和实践经验，大胆探索、勇于创新，使开发利用工作更上一个新台阶，更好地适应社会的变化，经得起时代的考验。

三是有利于充分挖掘和深度开发馆藏的少数民族档案资源，使更多尘封的珍贵民族档案信息资源得以"重见天日，发挥余热"，从"死档案"变成"活信息"，提升档案的科学和文化价值，在理论和方法上为当前边疆民族地区档案利用服务工作的开展提供参考借鉴。

就笔者个人而言，本人的专业研究方向为档案信息资源的开发利用，又因为是土生土长的云南人，对云南少数民族历史文化有一定程度的认识和了解，从检索相关文献资料及实地走访调研的结果来看，迄今尚无一篇全面系统地论述云南少数民族档案信息资源开发利用的专著，而该选题既有一定的学术研究价值，又有现实意义，因此有必要进行专门探讨和研究。

第二节 文献综述

一 研究视角和内容

（一）对少数民族档案编纂（编研）利用的综合性研究

在已公开出版的专著和教材中，有部分章节的内容对少数民族档案编纂（编研）问题进行了综合性研究，如：

陈子丹著《民族档案史料编纂学概要》（云南大学出版社2009年版）的大部分内容均涉及云南少数民族档案资源的开发利用，在第三章第三节"云南少数民族档案编纂史略"中概述了云南少数民族档案编纂利用的历史发展过程，第八章、第九章、第十章分别论述了彝族、傣族、白族、纳西族档案史料的编纂公布与出版发行。

陈子丹著《民族档案学专题研究》（云南大学出版社2013年版）的第八章"少数民族档案开发利用研究"分别阐述了云南回族、云南藏族、哈尼族、傈僳族、佤族、瑶族档案文献的编纂利用工作。

华林著《西南彝族历史档案》（云南大学出版社1999年版）的第五章论述了西南彝文历史档案的管理、利用，分为三节：西南彝文历史档案的分布、西南彝文历史档案的抢救与整理、西南彝文历史档案的译注与出版。第十章论述了西南汉文彝族历史档案的编研利用，分为两节：古代封建王朝对西南汉文彝族历史档案编辑刊录、目前对西南汉文彝族历史档案的编研利用。

华林著《西南少数民族历史档案管理学》（民族出版社2001

年版）的第五编论述了西南少数民族历史档案信息资源的输出及开发利用。该编分为四章十一节：第十二章西南少数民族历史档案的检索、第十三章西南少数民族文字历史档案的译注与出版、第十四章西南少数民族历史档案的编研、第十五章西南少数民族历史档案的提供利用。

刘耿生主编《档案开发与利用教程（第二版）》（中国人民大学出版社2010年版）的第三编第八章专门论述了少数民族档案开发与利用的途径与方法。该章共分两节：第一节少数民族档案概述，第二节少数民族档案开发利用的途径与方法。

张会超主编《档案开发利用教程》（辽宁大学出版社2014年版）的第三编专题篇第十三章专门论述了少数民族档案的开发利用，该章共分两节，第一节少数民族档案概述，第二节少数民族档案开发利用的途径及需要注意的问题。

在已公开发表的期刊论文和硕士论文中，有部分内容对少数民族档案编纂（编研）问题进行了综合性研究，如：

华林的《论云南少数民族文字古籍的开发利用》（《民族研究》1997年第1期）；陈子丹的《民族档案编研工作的几点浅见》（《兰台荟萃——云南省档案学术论文集》，云南科技出版社2006年版）；陈子丹、解菲的《对少数民族档案编研的几点思考》（《档案学通讯》2006年第5期）；胡莹、刘为、朱天梅的《面向用户的少数民族档案开发利用实践探索》（《档案学通讯》2017年第2期）；权诺诺的《浅谈我国少数民族档案编研队伍》（《云南档案》2008年第4期）；陈正娇、金慧的《对民族档案编研中田野调查的几点思考》（《文山师范高等专科学校学报》2009年第3期）；刘彩桥、王娅的《现代云南民族档案编研与民族文化变迁研究》（《云南档案》2009年第4期）；刘彩桥的《文化变迁背景下民族档案编研探析》(《兰台世界》2009年第7期)。这些论文对云南少数民族文字古籍、民族档案编研工作、少数民族档案开发利用实践、少数民族档案编研队伍进行了探讨。

刘彩桥的硕士学位论文《民族档案编研研究——以云南民族档案编研为例》(2010年)首先阐明了民族档案、民族档案编纂、民族档案编研的概念，民族档案编研与民族档案编纂的区别与联系以及民族档案编研的地位和作用；其次介绍了民族档案的编纂、编研成果和编研理论的发展；再次分析了民族档案编研中存在的问题，包括产品、工作、研究、宣传、社会效益、网络编研、人员素质等方面，并对应存在的问题提出了民族档案编研对策，即多层次、系列化地开发民族档案编研产品；立足民族文化的发展和变迁，搞好民族档案编研；理论与实践相结合，编研兼顾古今；充分发挥基层档案馆的宣传作用；转移编研的角度，提高社会效益；网络编研；提高编研人员的综合素质。最后论述了民族档案编研的社会效益，即评估问题。[①]

(二)研究某个少数民族的档案编纂(开发)利用

华林著《傣族历史档案研究》(民族出版社2000年版)的第七章论述了傣文历史档案的管理与利用，分为三节：分布保存、分类整理、译注出版；第十七章论述了汉文傣族历史档案的公布，分为两节：历史文献对汉文傣族历史档案的公布、中华人民共和国成立后对汉文傣族历史档案的公布。

华林著《藏文历史档案研究》(云南大学出版社2006年

---

① 刘彩桥：《民族档案编研研究——以云南民族档案编研为例》，硕士学位论文，云南大学，2010年。

版)的第五编论述了藏文历史档案信息资源的开发利用。该编分为五章十四节：第十二章藏文历史档案的征集与整理、第十三章藏文历史档案的编研、第十四章藏文历史档案的译注与出版、第十五章藏文历史档案的开发利用、第十六章藏文历史档案的数字化管理。

华林的《论藏文历史档案的发掘利用》(《中国藏学》2003年第4期)；郑荃、陈子丹的《云南藏文历史档案及其开发利用》(《档案学通讯》2007年第1期)对西藏、云南等地藏文历史档案的开发利用进行了探讨。

杨艺的《论白文档案文献的开发利用》(《档案学研究》2000年第1期)；陈子丹的《大理白族档案史料的开发利用》(《大理民族文化研究论丛》第二辑，民族出版社2006年版)；陈海玉、何永斌的《白族历史档案及其发掘利用》(《源于实践 服务全局——兰台工作纵横》，中国档案出版社2008年版)；赵洋月的《白族历史档案及其发掘利用初探》(《云南档案》2009年第9期)；马自坤、吴婷婷的《白族大本曲的档案价值及其实现》(《云南档案》2011年第12期)；王晋、舒宝淇的《白族石刻历史档案数字化展示刍议》(《四川图书馆学报》2014年第4期)。这些论文分别对白文档案文献、白族档案史料、白族历史档案、白族大本曲、白族石刻档案的开发利用进行了探讨。

万永林的《纳西历史档案开发利用研究》(《西南边疆民族研究》，云南大学出版社2001年版)；郑荃的《论纳西族东巴文古籍的价值及开发利用》(《思想战线》2000年第4期)；胡莹的《纳西族东巴文历史档案发掘利用初探》(《兰台世界》2010年第16期)；《东巴文历史档案编纂策略初探》(《云南档案》

2012年第9期）。这些论文对纳西族历史档案、东巴文古籍、东巴文历史档案的开发利用进行了探讨。

陈子丹的《傈僳族档案文献及其开发利用》（《档案学通讯》2008年第3期）；陈子丹、脱凌的《佤族档案文献及其开发利用》（《档案学研究》2010年第6期），对傈僳族、佤族档案文献开发利用进行了探索。

颜艳萍、陆阳的《傣文历史档案的种类及其开发利用》（《云南档案》1996年第6期）；仝艳锋、杨博文的《云南傣族文献遗产研究价值与开发利用探析》（《档案学研究》2008年第6期）；陈园园、段睿辉的《论傣族贝叶经档案的发掘利用》（《云南档案》2011年第5期）等论文对傣文历史档案、傣族文献遗产、傣族贝叶经的开发利用进行了探讨。

乔晓梅、谷凯波的《彝文古籍历史档案开发利用模式探析》（《云南档案》2008年第4期）；肖黎熠、子志月的《彝族毕摩经历史档案及其发掘利用》（《兰台世界》2009年第4期），对彝文古籍历史档案、彝族毕摩经历史档案的开发利用进行了探讨。

肖敏的《白族历史档案信息资源的发掘与利用》（2003年）一文是较早涉足云南少数民族档案信息资源开发利用问题的硕士学位论文。该文从白族历史档案信息资源的概念内涵、种类构成和研究利用价值入手，阐明了白族历史档案信息资源的理论与工作基础以及开发利用的方式方法，探讨了白族历史档案信息管理系统开发及数据库建设问题，提出了建立高效的档案信息检索系统、数字化编研出版、网络（局域网和网站）服务是白族历史档案数字化信息资源提供利用的有效方式等观点。①

胡莹的硕士学位论文《纳西族东巴文历史档案的发掘利用研究》(2006年)从纳西族东巴文历史档案的属性、类别构成、特点入手讨论其珍贵的研究价值，从前端控制的视角提出档案的实体管理方法——分布与收集、实体整理（分类、组卷、排列、编目、编制档号、排架），针对东巴文存在的现状提出东巴文历史档案信息资源的发掘利用方式（传统利用方式、数字化输入与利用方式），并结合现代化技术发展的趋势讨论东巴文历史档案必须面临的数字化工作，呼吁建立现代化的东巴文历史档案信息资源系统，提升人们发掘利用东巴文历史档案以及传承东巴文化的意识，真正实现东巴文历史档案的发掘利用与丽江地区民族经济发展两者之间的平衡。②

陈园园的硕士学位论文《云南民族文化产业发展视野下的傣族贝叶档案发掘研究》(2010年)从四个方面阐述了在云南民族文化产业发展视角下傣族贝叶档案的发掘利用问题：一是梳理了对民族文化产业与傣族贝叶档案的理论认识，进而分析了两者之间的关系；二是通过分析傣族贝叶档案在云南民族文化产业发展中的发掘价值，说明了发掘利用傣族贝叶档案的必要性；三是分析了傣族贝叶档案在云南民族文化产业发展中的发掘现状和存在的问题；四是从宏观策略上提出了四条建议：完善政策与法规体系，将发掘工作标准化；重视专业人才培养，引进复合型人才；积极开展翻译工作，保证发掘工作顺利进行；加强高新技术的应用，建立傣族贝叶档案数据库。从微观上分

---

① 肖敏：《白族历史档案信息资源的发掘与利用》，硕士学位论文，云南大学，2003年。
② 胡莹：《纳西族东巴文历史档案的发掘利用研究》，硕士学位论文，云南大学，2006年。

析了傣族贝叶档案与旅游业、影视业、出版业和医药业的联系，提出了一些切实可行的具体措施。[①]

黄琴的博士学位论文《云南民族文化强省建设背景下傣文贝叶历史档案发掘利用研究》（2012年）从云南民族文化强省建设的重要意义与相关措施入手，探讨了云南民族文化强省建设与傣文贝叶历史档案资源发掘利用的内在必然联系，并以傣族文化的构成和特点为切入点，进而论证了傣族文化的发展传承与傣文贝叶历史档案之间的密切关系，揭示了傣文贝叶历史档案的学术功能（研究历史、宗教、文学艺术、科学技术、生态环境等功能）与文化产业的开发价值，分析了傣文贝叶历史档案发掘利用现状及成因，提出了傣文贝叶历史档案发掘利用模式的构建问题。最后从基础性开发与内涵式发掘两个方面论述了傣文贝叶历史档案发掘利用模式的实施路径。基础性开发包括傣文贝叶历史档案的编目、翻译、数字化建设等环节，内涵式发掘则根据我国《文化及相关产业分类》分别从核心层、外围层、相关层三个层面进行实施。[②]

许姗姗的《彝族毕摩历史档案发掘利用研究》（2012年）一文在阐明彝族毕摩历史档案概念、种类、特点、书写、传承、保存和分布的基础上，进一步揭示了毕摩历史档案的发掘利用价值（包括宗教哲学价值、历史文化价值、艺术科学价值），分析了毕摩历史档案发掘利用取得的成果和存在的问题，最后提出了发掘利用毕摩历史档案的对策——宏观对策有完善政策与

---

① 陈园园：《云南民族文化产业发展视野下的傣族贝叶档案发掘研究》，硕士学位论文，云南大学，2010年。
② 黄琴：《云南民族文化强省建设背景下傣文贝叶历史档案发掘利用研究》，博士学位论文，云南大学，2012年。

法规体系；提高政府和民间对毕摩历史档案重要性的认识；加大扶持力度，增加发掘利用的资金投入；加强毕摩历史档案管理的人才培养；多部门联动，建立协调机制。微观措施有积极开展毕摩历史档案的译注工作；加大对毕摩历史档案的保管力度；创新发掘利用手段，建立毕摩历史档案数据库；充分发挥传承人的作用。①

杜钊的《文化遗产保护视野下的大理白族档案发掘利用研究》（2012 年）一文在调查云南大理凤羽白族村档案及白族历史文化名镇——凤羽镇白族文化遗产保护的基础上，分析了大理白族档案发掘利用取得的成效及面临的挑战，从文化遗产保护的视野探讨了大理白族档案发掘利用的四个理念（原真性、协调性、保护性、整体性）、三点发掘利用机制（加强档案实体的管理；深入开发信息，加大资源开发利用；加强白族档案信息化建设）、三种发掘利用模式（动态式保护、系统性开发、整合型利用）、三种白族民间文化村建设模式（个人和家庭模式、村落模式、社会模式），最后对民族档案发掘利用进行了理论思考，认为应加强少数民族乡村档案的发掘利用（包括民间文学、民间音乐舞蹈、民间工艺），正确看待民族档案的持有者，发挥民族档案对民族文化的反哺作用。②

余璐的《旅游人类学视阈下纳西族档案价值及开发利用》（2014 年）一文从旅游人类学视阈阐述了纳西族档案的开发利用问题。一是引入场域理论分析了丽江旅游与纳西族档案的关联。二是认为纳西族档案在丽江旅游中得到一定程度的开发利

---

① 许姗姗：《彝族毕摩历史档案发掘利用研究》，硕士学位论文，云南大学，2012 年。
② 杜钊：《文化遗产保护视野下的大理白族档案发掘利用研究》，硕士学位论文，云南大学，2012 年。

用，东巴文化研究成果突出，成立了研究、保护、传承东巴文化的组织和机构，纳西族档案符号与内容被广泛用于丽江旅游中，但也面临着保护与开发不平衡、档案符号与内容被滥用等问题。三是对科学、合理、有效地开发利用纳西族档案进行思考，提出了加强学科间交流与合作，提高理论研究水平；明确保护与传承纳西族文化的地位与使命；加强馆藏建设，丰富旅游资源，实现良性互动；加强档案信息化建设，建立特色专题数据库；借鉴相关经验，做好开发利用工作。①

（三）研究某一地区少数民族档案的发掘利用

赵红艳的《巍山谱牒档案及其开发利用刍议》（《云南档案》2010年第2期）；华林、韩南南、黄玉婧的《基于新疆民族地区稳定发展的少数民族档案发掘利用研究》（《档案学研究》2016年第6期），分别对云南巍山的谱牒档案、新疆地区少数民族档案的发掘利用进行了初步探讨和研究。

（四）研究某个类型少数民族档案的开发利用

1. 在医药古籍档案方面

华林的《西南少数民族文字医药古籍的发掘利用介绍》（《西南古籍研究》2008年卷，云南大学出版社2010年版）对西南少数民族文字医药古籍的发掘利用进行了介绍。

陈海玉的博士学位论文《民族医药振兴背景下的西南少数民族医药档案遗产发掘利用研究》（2010年）首先从理论认识层面认真梳理了西南少数民族医药档案遗产的内涵与外延、种类与构成、基本特点、多元价值等问题；其次调查分析了西南

---

① 余璐：《旅游人类学视阈下纳西族档案价值及开发利用》，硕士学位论文，云南大学，2014年。

少数民族医药档案遗产发掘利用的现状及存在的问题；再次从政策与措施方面探讨了民族医药振兴背景下西南少数民族医药档案遗产发掘利用的对策，即加强意识、完善政策、夯实基础、发掘资源，积极推进民族医药档案遗产与文化产业的互动，以实现民族医药文化的有效传承与开发；最后提出了发掘利用中需要注意的几个问题，包括科学原则、法律保护、合作开发、国际交流乃至信息安全和保密等问题。[①]

胡梁雁的《云南彝族医药古籍档案开发利用研究》（2017年）是专门探讨云南彝族医药古籍档案开发利用的硕士学位论文，在一定程度上弥补了彝族医药古籍档案开发利用研究的不足，也为以后对彝族医药古籍档案的全面深入研究打下了基础。文章首先界定彝族医药古籍档案的概念，明确彝族医药古籍档案的种类、特点、价值和开发利用的意义，其次分析彝族医药古籍档案开发利用的现状及存在的问题，最后提出彝族医药古籍档案开发利用的对策，认为应提高民族文化自觉意识和医药档案开发利用意识；完善云南彝族医药古籍档案开发利用工作的政策体系，加强经济支持；采取有效措施，打好云南彝族医药古籍档案开发利用的基础；改进云南彝族医药古籍档案的利用方式。[②]

2. 在口述历史档案方面

董甜甜的《论白族民间传说故事口述档案的开发利用》（《云南档案》2009年第1期）一文对白族民间传说故事口述档

[①] 陈海玉：《民族医药振兴背景下的西南少数民族医药档案遗产发掘利用研究》，博士学位论文，云南大学，2010年。

[②] 胡梁雁：《云南彝族医药古籍档案开发利用研究》，硕士学位论文，云南大学，2017年。

案的开发利用进行了论述。

子志月的博士学位论文《云南少数民族口述档案开发利用研究》（2013年）从口述史料、口述历史、口述档案、少数民族档案概念入手，对云南少数民族口述档案进行界定，对云南少数民族口述档案的种类、特点、价值、作用进行分析。在回顾云南少数民族口述档案抢救保护的历史和现状、明确云南少数民族口述档案开发利用内涵和意义的基础上，针对云南少数民族口述档案开发利用取得的成绩和存在的问题，提出云南少数民族口述档案开发利用应遵循统筹规划原则、按需开发原则、慎重原则、效益优先原则、本真和创新均衡原则、保护与开发并重原则，应采取提高民族文化自觉意识和档案开发利用意识、建立云南少数民族口述档案开发利用长效机制、加强云南少数民族口述档案资源建设、建立一支高水平专业人才队伍、注重编研成果的多样化、大力开发云南少数民族口述档案文化资源、重视云南少数民族口述档案资源信息化建设、加强国际间的交流与合作等具体措施，提高云南少数民族口述档案开发利用的水平，促进当前云南民族文化强省建设及民族文化旅游、民族文化产业的繁荣发展。[①]

孙丽娜的硕士学位论文《云南省佤族口述档案开发利用研究》（2014年）对云南佤族口述档案的相关概念、分类、特点、价值作了简要概述，重点探讨了资源整合和开发利用问题，对开发利用的概念、意义、原则、途径作了阐述，认为开发利用的意义在于延续佤族传统文化的生命力、为佤族地区民族旅游

[①] 子志月：《云南少数民族口述档案开发利用研究》，博士学位论文，云南大学，2013年。

赋予新的内涵、开启学校教育的新模式，开发利用需有规划性、特色性、协同性，需兼顾物质性和精神性，提出了举办展览、出版口述历史书刊、拍摄纪录片、互联网制作口述历史专题等开发形式。①

3. 在非遗特色档案方面

董甜甜的硕士学位论文《"非物质文化遗产"视角下大理白族特色档案的开发利用》（2010 年）在阐明非物质文化遗产与白族特色档案的概念、大理白族特色档案的种类（民族民间文学艺术、节庆习俗、手工技艺、服饰建筑、风味饮食、传统文化传承人档案）、白族特色档案的文化保护功能、传承价值和作用的基础上，分析了大理白族特色档案开发利用的现状（取得的成就和存在的问题），提出了大理白族特色档案开发利用的几点措施：一是拓宽收集渠道，丰富馆藏；二是优化利用，提升文化意蕴；三是发掘潜在价值，弘扬民族文化。②

4. 在民间契约档案方面

王淼哲的《白族民间契约档案发掘利用研究》（2017 年）是专门探讨白族民间契约档案发掘利用的硕士学位论文，在一定程度上弥补了白族民间契约档案发掘利用研究的不足，也为今后对白族民间契约档案的专题研究打下了基础。文章首先界定白族民间契约档案的概念，明确白族民间契约档案的类型、载体、内容和社会意义，其次分析白族民间契约档案的发掘利用的成果及存在的问题，最后提出白族民间契约档案发掘利用的对策，认为应完善基础管理工作（加强征集工作，充实档案

---

① 孙丽娜：《云南省佤族口述档案开发利用研究》，硕士学位论文，云南大学，2014 年。
② 董甜甜：《"非物质文化遗产"视角下大理白族特色档案的开发利用》，硕士学位论文，云南大学，2010 年。

资源；利用科学手段，妥善保护原件；合理利用资金，促进档案开放；做好宣传工作，鼓励民众配合），采取合理利用方式（借鉴成功经验，丰富编研方式；实现数字加工，推动信息利用；多方协调研究，增进学科交流）。[①]

（五）研究某一领域少数民族档案的开发利用

如在旅游文化领域，丁秀梅的硕士学位论文《云南民族历史档案在旅游文化资源开发中的应用研究》（2009年）对民族档案与民族文献、民族历史档案与云南民族历史档案、旅游资源、旅游文化资源与民族旅游文化资源等基本概念进行了界定，对民族历史档案的文化价值、旅游文化价值及研究意义进行了认识与梳理，对云南民族历史档案在旅游文化资源开发中的主要作用进行了阐述，在此基础上分析了民族历史档案在旅游资源开发中存在的问题，最后提出了应解决的理论与实践问题，即档案和旅游两个部门应加强专业学习和管理、档案部门应加强研究和宣传力度、旅游部门应加强民族历史档案的开发利用。[②]

二 对研究现状的总结评价

近年来，虽然有关云南少数民族档案信息资源开发利用的研究成果逐渐增多，但以报道性、介绍性、总结性文章为主，学术论著仍十分稀少，且质量水平不高，专门著作尚未出现。目前在云南大学历史与档案学院档案与信息管理系师生发表和出版的相关论著中，对这一论题有专门章节或较为集中的探讨。以上

[①] 王淼哲：《白族民间契约档案发掘利用研究》，硕士学位论文，云南大学，2017年。

[②] 丁秀梅：《云南民族历史档案在旅游文化资源开发中的应用研究》，硕士学位论文，云南大学，2009年。

几本著作中的论述与探讨，表明档案学界已开始关注到少数民族档案信息资源的开发利用问题，随着这项研究工作的深入推进，其研究成果将为新时期我国档案资源开发利用工作的进一步发展打下坚实的理论基础。

研究内容既有少数民族档案的编纂（编研）利用的综合性研究，也有某个少数民族档案编纂（开发）利用的研究；既有某一地区少数民族档案发掘利用的研究，也有某一类型少数民族档案开发利用的研究；既有某一方面少数民族档案的开发利用研究（包括医药古籍档案、口述历史档案、非遗特色档案、民间契约档案等方面），又有某一领域少数民族档案开发利用的研究（如旅游文化领域）。

研究成果既有专著和教材，又有期刊文章和硕士、博士学位论文；既有调查研究报告，又有项目课题成果。

研究人员中既有云南大学档案与信息管理系的老中青三代教师，又有本科生、硕士生、博士生。

由于部分作者既没有进行深入实地的田野调查，也没有工作经历和实践经验，仅凭自己的想象、猜测和主观臆断下结论，因此导致有的观点与实际情况存在很大偏差。

从当前的研究现状和成果来看，存在着不同程度的，甚至较为严重的理论与实践相脱节的现象。有的学术论文生产出来的研究成果既不能为档案部门的实际工作提供业务指导，也不能为相关机构的工作实践提供借鉴和参考。也就是说，这些研究成果大多并没有被档案部门所关注或采纳，更不用说运用到具体的实际工作中并发挥效用，其影响力和推动力都较小，"理论派"与"实践派"几乎是在两条平行的轨道上行进，无法找到一个相交点或结合点。因此对于如何更好地开展少数民族档案资源的开发利用工作，还需要档案工作者在具体实践中探索出一套行之有效的办法。

第三节 研究途径

一 调研和收集资料

立足文献调研，了解国内外多元文化服务背景下档案信息资源开发利用的典型经验与成功做法。在前期研究的基础上，深入开展后期的调研工作，了解云南省档案部门及相关机构开展少数民族档案开发利用工作的基本情况，并对涉及本论题的研究资料进行全面系统的收集。结合文献调研、网络检索和实地调查，全面系统地开展对云南少数民族地区档案信息资源开发利用现状的调查与分析，总结成绩，发现存在的问题与不足。

二 分析和解决问题

上网查询相关文献资料，深入重点单位（如云南省档案局、昆明市档案局、昆明市盘龙区档案局、玉溪市档案局、昭通市档案局、临沧市档案局、楚雄州档案局、大理州档案局、丽江市档案局、西双版纳州档案局、普洱市档案局、龙陵县档案局等档案部门）进行调查访问，咨询档案专家学者，掌握第一手资料和数据。详细了解档案部门及相关机构目前的工作进展、研究动态和主要问题，做到心中有数，找出问题的症结，提出相应的对策。

三 总结并得出结论

对当前和今后一个时期云南少数民族档案信息资源开发利

用工作提出具有可行性的意见，提供给云南省档案局、云南省民委、云南省文化厅等相关部门，作为制定云南民族档案事业发展规划和政策，实施民族历史记忆工程（云南民族记忆工程）、少数民族信息资源共享工程的参考性资料。

第四节 研究方法

一 调查研究法

从现阶段云南边疆民族地区档案工作的实际出发，本着实证研究的精神，充分运用田野调查和科学分析的方法，调查了解云南省少数民族档案资源的数量、种类、分布及保存状况，分析少数民族档案资源开发利用的现状及存在的问题。

二 经验总结法

吸收借鉴国内外的成功经验和做法，总结云南省档案部门近年来开展云南多元民族档案工作的探索和实践，包括云南15个特有少数民族档案抢救保护，名人档案征集，口述历史采集，少数民族语言文字、服饰、风俗、传统技艺等非物质文化遗产档案资源建设工作，少数民族特色文化和特色支柱产业相关档案资源建设工作，以知名品牌普洱茶为代表的古茶树资源的调查建档、少数民族档案文化产品开发工作、少数民族档案文化宣传工作等。

三 跨学科研究法

在档案学学科范式的基础上交叉融合民族学、历史学、管理学、信息学以及知识发现（服务）、内容挖掘、信息开发、信息服务、资源共享、档案资源开发、档案信息化建设等学科领域的相关理论方法和研究成果，从多学科领域探讨云南少数民族档案信息资源的开发利用问题。

第五节 创新之处

一 选题有新意

目前国内学界尚无针对"云南少数民族档案信息资源开发利用研究"作为书稿选题，本书将全面、系统地论述云南少数民族档案信息资源开发利用的基本概念、理论依据、目的意义、内容特色、方法路径、现状成就、存在问题、对策措施等方面。

二 研究视角较综合

从多元文化的视角、运用多学科交叉的理论和方法来研究云南少数民族档案信息资源的开发利用问题。结合云南省档案事业发展的"十二五""十三五"规划，有针对性地提出新形势下加强和改进云南少数民族档案信息资源开发利用的策略，对于推动云南多元民族档案工作在服务我省取得新突破具有重要的现实意义。

三 提出了一些创新见解

紧扣少数民族和云南地方特色提出了一些创新见解。本书提出：（1）云南少数民族档案信息资源开发利用要突出本省特色，将档案工作融入云南省"三个发展""三个定位"以及"信息边疆""文化走廊"建设和沿边开发开放的大格局中；（2）云南少数民族档案信息资源开发利用的重点应体现在少数民族口述历史档案的开发利用上，深度挖掘少数民族口述历史档案的内涵和价值，推动民族口述档案学科的创建与发展；（3）云南少数民族档案信息资源开发利用应在当地非物质文化遗产档案的开发利用中积极作为。档案部门要主动与各级非物质文化遗产中心加强交流合作，扩大社会影响力。

第 二 章

云南少数民族档案信息资源开发利用的概念、依据和意义

第一节 基本概念

一 少数民族档案

目前国内学者对于少数民族档案概念的理解有广义和狭义之分。广义的少数民族档案认为凡是记述和反映少数民族问题和内容的档案（包括各种文字材料、图表、声像和各种载体形式的记录），都是少数民族档案；狭义的少数民族档案是指以少数民族文字符号书写的档案或少数民族机构、组织及个人形成的档案。笔者认为，单纯从少数民族档案的记录符号，或是形成者的角度来界定少数民族档案的观点都是不够客观全面的。在界定少数民族档案时既要从其来源出发，又要结合少数民族档案的属性、特征及内容等。因此，广义的少数民族档案概念是比较符合我国实际情况的。"确定少数民族档案的概念，实际上就是从国家全部档案中，区别出具有少数民族特征的档案这一类别。这是广义的、大范围的分类，而不是全宗内档案实体

的分类。"①

从时间断限来看，笔者认为少数民族档案也可分为少数民族历史档案和少数民族现行档案。少数民族历史档案是指1949年以前的少数民族地方政权机构、社会组织、个人和历代封建王朝统治者在社会实践活动中直接形成的，以不同的种类和载体构成的，以不同类型的记录符号表现出来的，反映少数民族政治、经济、军事、科技、文化、教育、民俗等方面内容的，对国家和社会具有保存价值的各种文字、图表、声像等不同载体形式的原始记录。包括经卷、文书、手稿、碑刻、谱牒、图谱、画卷，以及历史上各民族民间艺人通过记忆或背诵的方式世代口耳相传的史诗、神话、传说、故事等，均属少数民族历史档案的范畴。除少数民族历史档案外，少数民族档案还包括1949年以后形成的少数民族现行档案（有的学者称为"少数民族地区档案"），如照片、影片、录音带、录像带、音频文件、视频文件、电子文件、数字档案等，这类档案材料也称为新型载体档案，以区别于传统的纸质档案。

二　少数民族档案信息资源

少数民族档案是指我国55个少数民族本身及有关机构和个人在社会实践活动中形成的、由不同形式的载体材料和记录内容构成的、以不同类型的记录符号表现出来的、记载和反映着少数民族多元历史文化的原始记录总和，即研究和记载与少数民族有关的政治、经济、军事、科技、文化、教育、民俗等方面的历史档案和现行档案。

---

① 杨中一：《中国少数民族档案及其管理》，中国档案出版社1993年版，第15页。

少数民族档案信息资源是指人类社会信息活动中积累起来的少数民族档案信息、信息生产者、信息技术等活动要素的集合，也即少数民族档案信息资源的收集、加工、存贮、处理、传输和利用以及相关的技术、设施、资金和人才等。

从档案的形成和流传方式来看，少数民族档案信息资源大体可分为官方和民间两大系统。一方面，由于历代封建王朝的统治者采取民族歧视政策，不重视边疆民族地区的开发与建设，对少数民族文化多采取污蔑、歪曲、压制的手段，因此官方形成的有关少数民族问题和内容的档案资料一是数量较少，二是得不到妥善的保存，有的散落于民间，有的损毁严重，幸存下来的多半残缺不全；另一方面，大量少数民族文书档案形成于民间并在民间世代相传，这些民间档案大体包括三大类：（1）口传史料。有反映各地民风民俗的神话传说、逸闻掌故、歌曲民谣等；（2）文献史料。有政令公文、官府册籍、宗教经卷、契约文书、乡规民约、私家账簿、私人信函、笔记、日记、手稿、照片和祖传的族谱、家谱、祖训、藏书等；（3）实物史料。有先辈遗留下来的各种珍宝、票证、碑刻、牌匾、器物等。

民间传承的文书档案是各民族/族群档案资源的重要组成部分，也是官方档案资料的重要补充。正如我国著名学者钟敬文先生所言："伟大的人民，他们是人类社会、历史的创造者，同时又是人类社会历史最忠实的记录者，是不歪曲、不阿谀的史官。他们创造和传承的歌曲、故事等，正是我们认识历史、社会的最丰富、最可信赖的一宗档案。"正是这些数量巨大、种类繁多的民间档案，为我们真实而生动地记录了一个完整的中国社会全貌。① 但在传统观念中，人们只重视各级各类国家机关、团体、企事业单位保管的档案，而对散失在民间的档案不甚关注。这就造成大量珍贵民间档案的流失、破坏和损毁，给国家的历史文化遗产带来不可弥补的损失。

三　云南少数民族档案信息资源开发利用

档案信息资源开发利用是指各种开发利用主体以档案馆（室）所藏档案中利用价值较为显著的、具有一定公益性或营利性价值的、各种载体与形式的档案与档案集合为主要对象，根据不同的社会需求，对其进行鉴别筛选、加工整序、编目汇纂，形成档案产品或者信息服务，并通过各种方式向社会提供，由此创造社会效益与经济效益的过程。

档案信息资源开发利用包括档案信息资源的开发与档案提供利用工作两个方面。前者应包括"档案信息本体的开发、档案信息技术研究、档案信息系统建设、档案信息设备的制造与更新、规则的设定、环境的维护、人员的培养等活动"②。后者指档案机构以其拥有的档案信息资源为依据，通过一定的方式与方法，提供档案信息资源为用户服务，最终实现信息资源共享的活动。使用"利用服务"一词以区别于"利用"，特指档案机构提供的利用服务工作，这一概念与档案提供利用大体上一致，但概念表述更精确，并强调服务性，符合当前构建服务型社会的时代要求。③

---

① 余珍：《论民间档案管理的重要性》，原创力文档（2018-09-19），https://m.book118.com/html/2018/0919/5122143132001314.shtn。
② 殷仕俊：《对档案信息资源开发内涵的一些思考》，《湖北档案》2009 年第 5 期。
③ 瞿楠香：《档案信息资源开发与利用服务关系研究》，《云南档案》2010 年第 7 期。

档案信息资源开发与利用服务是两个既有相互联系又有不同差异的概念。联系性在于：两者的主体相同，都是保存档案信息资源的档案管理部门及工作人员，不包括利用者在内。两者的活动宗旨相同，都是为了发挥档案信息资源的作用，实现档案的使用价值，为社会创造财富。两者都以现代信息技术为支撑。两者在信息资源管理过程中是相互衔接、相互促进的两个环节。开发为优化服务做准备，最终通过利用服务活动将信息产品提供给用户使用。同时，通过服务中利用者的反馈信息又可以反过来指导开发，提高产品开发质量。

差异性在于：两者的内涵不同。开发的本质是一种档案信息产品的再生产活动，利用的本质是一种档案信息的传播活动。两者采用的手段方法不同。开发主要采用信息分析、综合、预测三种方式，利用主要采用信息检索、咨询、网上公布三种方式。两者的工作内容不同。开发主要包括著录标引、建立检索系统、编研、信息系统建设等，利用包括对用户信息需求、信息行为、心理、素养的分析，提供文献服务、检索服务、咨询服务。

云南少数民族档案资源开发利用是指档案开发主体对云南25个世居少数民族（含15个云南特有少数民族）的档案资源进行整合、加工、处理后，根据社会和公众的利用需求，充分挖掘少数民族档案资源的价值，将具有民族区域特色的档案文化产品提供给利用者的过程。

第二节　理论依据

本书的相关理论依据包括：档案资源开发理论、信息资源共享理论、多元文化服务理论、档案信息化建设理论等。

一 档案资源开发理论

国内将"开发"一词引入档案界，源自1984年9月邓小平同志关于"开发信息资源，服务四化建设"的题词的发表，国外则见于1984年前民主德国出版的《民主德国档案工作理论与实践》一书。对档案信息资源开发的研究，经历了30年的发展，人们仍常将档案信息资源的开发与利用结合在一起研究，称"档案信息资源开发利用"。

档案信息资源的有序化工作，如编制档案检索工具、编辑出版档案史料和档案参考资料等，不能等同于档案信息资源开发工作，而应将其理解为档案信息资源开发的准备性工作。档案信息资源开发有别于档案馆传统意义上的提供利用工作，它强调社会需求与用户的实际利用动机和利用行为对运用档案馆档案信息资源的作用；档案信息资源开发既包括对档案信息的获取、组织、加工和利用等一般形式，也包括利用档案信息生产新信息、新知识或新理论等高级形式；档案信息资源开发不仅是档案价值实现的条件，而且是档案价值实现的一种形式。档案信息资源开发的主体应是档案价值实现的主体。以此为基础，通过理论推导、范式分析和模型论证，可以得出两点结论：一是由于档案馆在档案价值关系中处在档案客体与用户需求之间，其对档案信息资源的开发并不能够直接实现档案价值，只是为用户利用档案信息资源实现档案价值奠定基础、提供条件，因而档案馆在档案信息资源开发中发挥的主要是基础性作用；二是由于用户是作为档案价值关系的需求方存在的，用户对档案信息资源的开发可以保证档案价值的直接实现，因而用户在档案信息资源开发中发挥的是主体性作用。[①]

二 信息资源共享理论

信息资源共享理论基于国家层面的庞大的网络通信平台，通过互联网、电子政务专网、有线电视等多种传输途径，充分利用新兴技术和其他手段，在全国共享数字信息资源，让在不同地方使用不同计算机软件、不同管理信息系统的用户能够读取他人数据信息并进行各种操作运算和分析。实现信息资源共享，可以使更多的人更充分地使用已有的信息资源，减少资料收集、信息采集等重复劳动和相应费用，而把精力集中在分析和利用需要的数据信息上。

信息资源共享的目标是要在最大限度、最广范围、最多受众、最基本要求上满足人们的多元信息需求，消除人们之间的"信息鸿沟"，缩短人们之间的"信息距离"，保障人民群众的信息自由权益。

在今后较长的时期内，我国仍有不少人口居住在老少边山穷地区，特别是人口较少民族或族群，他们渴求知识和文化，有精神文化需求，但是难以得到满足，处于"信息贫困"的状态。信息资源共享理论的运用，就是让更广的地域范围内、更多数量的人民群众享受到更多样的信息资源服务，丰富他们的精神世界和文化生活。最重要的是，这些群众要同时担负起三重身份和三种责任：他们既是信息资源的创造者和生产者，也是信息资源的享受者和受益者，更是信息资源的传输者和传

[①] 陈忠海、常大伟：《档案馆在档案信息资源开发中的主体地位质疑——兼论用户在档案信息资源开发中的主体地位》，《档案管理》2015年第2期。

承者。

三 多元文化服务理论

多元文化服务主要是指公共文化服务机构为适应多元文化社会的需要，向不同语言、文字、宗教和文化的少数民族或少数群体提供的服务，它既包括为传统服务中涉及的用户主体提供多元文化的信息服务，也包括为传统服务中较少涉及的少数群体提供的服务。

图书馆、档案馆等机构是我国重要的科学文化事业单位，在新形势下，如何适应社会发展的要求，在图书馆工作、档案管理工作中大力推进多元文化服务，保障公民平等、自由的信息享有权利，是值得研究和深思的问题。特别是边疆多民族地区，有其特定的多元文化特征，建立满足各民族/族群、各层次群体需求的公共文化服务体系，开展无差异的多元文化服务工作，具有重要的理论价值和实践意义。少数民族地区的图书馆、档案馆应结合本地实际认真分析研究，突出重点，彰显特色，在本地区开展多元文化服务，以提高图书馆、档案馆的整体服务水平，保护和传承民族文化，使少数民族地区图书馆、档案馆成为各民族文化交流的平台，以增进各民族的相互了解，促进各民族的团结进步，保障边疆稳定、社会和谐。

四 档案信息化建设理论

档案信息化就是在国家档案行政管理部门的统一领导、规划和组织下，在档案管理活动中全面应用现代信息技术，对档案信息资源进行整合、管理和提供利用服务。换句话说，档案信息化使档案管理模式发生了重大转变，即从传统走向现代，从以档案实体保管和利用为重点，转向以档案信息的数字化存储和为社会提供服务为重心，① 从而使档案工作进一步走向规范化、数字化、网络化、社会化的转变过程。

2000年以后，随着全球信息化的大发展，各级档案部门加快了档案信息化步伐，建立了局域网，购置了计算机等设备，有的档案馆还配备了电子文件归档服务器、高速扫描仪、电子光盘库、双网卡工作站等设备，提出"文档一体化、馆藏数字化、利用网络化、办公自动化"的建设目标。围绕建设目标，大力开展文档一体化系统建设，推动文档一体化管理信息系统的开发。在文档一体化的同时，加快了馆藏档案数字化工作进程，按照由近及远的原则，利用高速扫描仪对馆藏档案进行全文扫描、数字化，并在办公网络和档案网站上公布档案目录信息，初步实现了档案利用的网络化。

2002年11月国家档案局发布的《全国档案信息化建设实施纲要》，是我国档案信息化建设中的里程碑式文件。该《实施纲要》将我国档案信息化建设的主要内容分为以下六个方面：

基础设施建设。是实现档案信息化建设的首要内容。主要指档案信息网络系统和档案数字化设备。它是档案信息传输、交换和资源共享的基础性条件，只有建设先进的档案信息网络，才能充分发挥档案信息化的整体效益。

应用系统建设。为实现档案信息化建设提供技术保障。主要内容包括：档案信息的收集、档案信息的管理、档案信息的利用、档案信息的安全等方面，它关系到档案信息化建设的速度与质量，集中体现了档案信息化建设的效益和档案信息化服

---

① 夏燕玲：《档案信息化建设与档案管理的几点思考》，《云南档案》2010年第3期。

务的效果。

档案信息资源建设。是实现档案信息化建设的基础和核心,也是一项长期的工作。档案信息是国民经济和社会发展的战略资源之一,它的开发和利用是档案信息化建设取得成败的关键,也是衡量档案信息化水平的一个重要标志。档案信息资源建设的主要内容包括馆藏档案的数字化和电子文件的采集和接收。档案信息资源建设的主要形式包括馆藏档案目录中心数据库建设、各种数字化档案全文及专门(题)数据库建设。

标准规范建设。是档案管理现代化和信息化的一项重要内容。是对电子文件的形成、归档和电子档案信息资源标识、描述、存储、查询、交换、网上传输和管理等方面,制定标准、规范,并指导实施的过程。档案信息化的标准、规范相当于信息高速公路上的"交通规则",对于确保计算机管理的档案信息和网络运行的安全、畅通,具有十分重大的意义。

人才队伍建设。是实现档案管理从传统走向现代的关键因素。档案信息化建设,人才是关键。人才是最宝贵的资源,它不仅需要高素质的档案专业人才、计算机专业人才、信息技术人才,更需要既懂档案业务,又熟悉现代信息技术的复合型人才。在信息社会环境下,档案人员从信息保管员到信息中介员再到信息导航员等诸多角色的转变,要求他们不断更新观念,不断进行新知识、新技术的培训,更新自己的知识结构,时刻关注社会对信息需求的变化,以便作出迅速灵敏的反应,主动为信息用户提供服务。充分利用网络技术条件,满足信息用户不断增长的多元化、个性化需求,从而实现档案信息的优质服务。

安全保障体系建设。安全保障体系包括信息安全、信息安全管理、信息安全标准与法律保障等方面。其中信息安全又包括实体安全、运行安全和数据安全三个方面。信息安全管理包括安全策略与规章制度的制定。信息安全标准主要包括网络基础设施标准、应用标准、应用支撑标准、信息安全标准、管理标准。当下数字档案馆的安全保障体系建设，可以从数字档案馆的三个阶段，即前期建设阶段（数字档案馆建设资质认证、建设质量监理）、运行管理阶段（数字档案馆安全管理机构建设、安全管理制度建设）、维护服务阶段（数字档案馆应急响应服务、日常维护服务），分别对数字档案馆安全进行质量控制。

档案信息化建设的主要任务有以下几方面：

以研制和指引电子文件归档管理的标准为重点，加快档案信息资源管理标准规范的制定和推行。

以档案部门的内网、外网，党政机构专网的建设为重点，加强档案信息化的软硬件基础设施建设。

以档案信息管理系统（如深圳市档案局和深圳世纪科怡公司共同研制的"世纪科怡档案管理系统"、清华紫光、珠海泰坦等电子文件/档案管理软件）的推广应用为基础，以"数字档案馆"和"电子文件管理系统"的研制为重点，加强档案管理应用系统的建设。

以馆藏档案的数字化为基础，以电子文件的归档管理为重点，加强档案信息资源的建设。

以档案专业人才、计算机专业人才为基础，以复合型人才为重点，加强档案信息资源管理专门人才队伍建设。

档案信息化建设的必要性有以下几方面：

档案管理现代化、信息化是必然趋势。随着现代科学技术的发展，特别是随着计算机管理档案软件的开发、利用、升级，以计算机应用技术为主体的档案现代化管理技术已经在各层次档案管理系统被广泛地应用。但是由于多种条件的制约，利用的广度和深度远远没有外部系统广泛和普遍。电子文件的大量出现，使实现档案信息化建设具备利用现代化的技术手段和管理方式传统的手工管理方式正逐步被计算机技术、网络技术所取代。利用现代化的技术手段对电子文件的管理，是当前档案信息化建设的重点。

档案管理信息化可以拓展档案工作的服务领域。档案信息化建设是信息时代档案管理现代化的需要。传统的手工管理方式，已经不能适应信息社会对档案信息资源的需求。随着信息技术的迅猛发展和广泛应用，档案信息化的重要性日益显现出来，档案信息化服务所产生的社会效益是传统的档案提供利用方式无法比拟的。实施档案信息化就是以档案网络建设为基础，以档案信息资源建设为核心，加快档案资源数字化、管理标准化、服务网络化的进程，改善档案管理工作。只有实现档案信息化，才能改变档案利用的种种局限，使档案管理部门从封闭走向开放，从档案的保管和利用职能向信息采集、管理和服务职能转变，实现档案信息资源的合理配置、科学管理，为社会提供高效、优质的服务。

档案数字化管理可以加大信息存储量。现代科学技术的发展，特别是缩微技术、扫描技术、光盘技术的广泛应用，可以大大增加档案信息的存储量，存储密度比纸质档案高出若干倍。以软盘为例，一张 3.5 英寸的软盘，理论上可以存储 70 万汉字，而一张光盘的容量可以达到 600—4000MB。如某县档案馆现有馆藏档案 7 万多卷，如果将其文字信息录入计算机，用 DVD 的密度刻录保存，仅需 13—15 片，可以装在一个公文包里。况且，纸质载体的文件一般只能记录文字、图形、图表等信息，电子文件却可以在一份文档中同时记录文字、图形、图表、动画、声音、影像等各种媒体信息。这样占用很小的空间就可以保存大量的信息，而且开发利用的速度大大加快，具有直观性、选择性、易操作性，还能提高档案的查询利用效率。

档案信息化建设是充分开发利用档案信息资源的需要。档案管理归根结底是信息资源的管理。信息资源的社会价值在于开发利用，开发利用的效果取决于开发的时效和利用的广泛程度。相比较而言，运用现代化管理手段储存的各种信息，更便于开发和利用，也就能产生更广泛的社会效益。档案信息资源数字化、标准化、系统化、网络化，可以满足社会各方面对档案信息的需要，虽需一次投入，但可多次产出、远程服务、资源共享，缩短二次文献信息的编研时间，提高档案信息利用的时效性。还可以拓展档案工作的服务领域，使档案信息资源不再成为一个信息的孤立载体，档案信息化实际上就是档案资源利用工作的延伸，是开发档案信息资源的最有效途径，对档案管理的基础性工作起到促进作用。档案信息化建设就是逐步建立和完善档案目录体系，发挥档案目录体系的整体功能，以满足档案利用者对档案信息的查阅需求。

档案信息化、网络化可以给档案管理人员、职能部门及企业带来显而易见的效果和收益。对于档案管理人员来说，使得档案管理不再费时费力，检索查询更为方便快捷，档案的查询利用工作更加可控。对于档案管理部门来说，可以提高整个部门的工作效率，提高整个部门的技术水平，有效地开展档案的各项管理工作，有效地为科研服务，为决策服务，使部门的保管职能变为服务职能。对于企业来说，可以更好地管理和开发利用档案，方便二次利用，提高利用率，解决档案损毁、丢失、泄密等问题，形成完整的档案信息网络，形成电子信息资源中心，提高员工的工作效率。

五　民族档案学理论

民族档案学是自1984年云南大学档案专业成立以来，利用该校在中国民族史、民族史料学研究领域的传统学科优势，进行学科交叉、相互联系、相互渗透而培育形成的一门新兴学科。经过档案系老、中、青三代师生多年坚持不懈的努力奋斗、辛勤耕耘、精心灌溉，云南大学的民族档案学科茁壮成长，并在国内档案学界产生了一定影响。

民族档案学是一门研究边疆民族地区档案、档案工作和档案事业形成和发展过程及特点和规律的学科，其任务是探索少数民族档案科学管理和开发利用的有效方法和途径，改变边疆民族地区档案事业发展缓慢、长期落后于内地和沿海发达地区的状况。该学科是边疆多民族地区档案事业科学发展、跨越式发展、可持续发展的基础。旨在向更多学生传授民族档案学的基本理论和方法，使之对档案工作与民族地区经济社会发展的关系以及对保护和传承民族记忆遗产的重要意义有更深入的认识，树立民族档案观、档案多元观、多元一体论等思想意识。

近年来，联合国教科文组织、国际档案理事会等国际组织在世界范围内开展了"人类口头与非物质文化遗产工程""世界记忆遗产工程"，号召各国政府和民间重视人类珍贵文化遗产的抢救保护问题。人们越来越清晰地认识到，在保持民族民间文化遗产活的生命力的同时，完善一切可以完善的档案资料，使民族记忆遗产档案化，使其成为更加稳固和可持续的一种保护措施，才是对民族文化遗产科学保护的有效方式。云南是我国世居少数民族最多的省份，是中国乃至世界上民族文化多样性最为丰富的地区之一，各个少数民族创造了丰富多彩的物质文化和非物质文化，其中的档案信息资源博大精深，是民族文化遗产的重要组成部分，有待于我们进一步的挖掘和利用。立足于上述特点，云南大学民族档案学的发展在资源方面占有得天独厚的优势条件。

第三节　目的意义

一　目的

（1）在理论上促进档案工作者对少数民族档案信息资源开发利用工作的深入探讨和研究，挖掘其中蕴含的思想精髓和学科价值，使之更好地为和谐边疆建设和各民族的幸福生活服务。在实践上推动档案部门加大对少数民族档案资源开发的投入和力度，在实际工作中不断探索档案开发利用的方法与技术，更好地提供档案史料服务于信息社会、服务于新时期编史修志工程。

（2）为云南省的民族文化艺术创作和展演活动提供丰富的档案资料，为当下边疆民族地区各项民族文化建设事业的发展提供档案利用，为恢复早已失传的民族民间"老字号""老品牌""老文化"提供档案服务，为民族史、地方史、边疆史、民族学、人类学、生态学及边疆民族问题的调查研究和教学科研活动提供档案信息咨询服务，进一步丰富档案利用服务的形式和内容，推动云南多元民族档案工作取得新突破，开创新局面。

二 意义

（1）少数民族档案史料是各族人民勤劳智慧的结晶，是孕育民族文化的摇篮，蕴含着丰富的民族宗教资源、历史文化资源和知识信息资源，是中华民族不可再生、不能替代的珍贵历史记忆和财富，是传统文化的根基和古老文明的象征，也是中华民族可持续发展的精神动力和支柱。编纂公布、开发利用好这些档案资源，是完整记录、保存云南记忆的一种有效手段，是边疆民族地区档案馆的重点工作之一，是档案工作者义不容辞的责任，对于构建少数民族历史记忆库，积极挖掘档案信息，为民族地区各项事业服务，具有重要的现实意义。

（2）少数民族档案信息资源的开发利用，对弘扬民族文化，促进民族档案文化与地方经济社会发展，特别是边疆民族地区和谐社会的建设，对加强边疆民族地区与内地沿海发达地区乃至南亚、东南亚各国的文化学术交流与经济合作具有重要意义，对各族人民认识自己的伟大历史和创造力，提高全民族的自信心，增强中华民族的凝聚力和自豪感，扩大中华文化的国际影响力也具有重要作用。

（3）云南是我国少数民族最多的省份，少数民族繁荣发展、团结进步的历史是云南民族史、地方史、边疆史的重要组成部分，这些历史都以档案史料的形式记录和保存下来，并流传于后世。做好优势和特色档案资源的开发与利用工作，从档案的视角传承和发展云南各民族的历史文化遗产，是一项很有必要、很有意义的工作。

第三章

云南少数民族档案信息资源开发利用的特色、方法和途径

第一节 特色

一 突出普洱茶档案和旅游档案的开发利用

茶叶是云南最主要的生物资源、重要的农产品和传统出口创汇产品，其中普洱茶更是云南享誉海内外的"绿色名片"，以普洱茶为代表的少数民族茶文化系统在历史上对沟通民族间的交往，增进民族间的情感方面起到了重要作用。全省各级档案部门根据2007年云南省政府办公厅下发的《云南省重大活动档案管理办法》的规定，借助馆藏特色，利用馆藏优势加强普洱茶历史文化的宣传，促进普洱茶产业的发展，普洱市档案局馆开发了《历届中国普洱茶叶节资料选辑》《茶城人茶城事》等特色文化产品，采写了反映云南省档案部门开展古茶树资源建档工作的新闻稿件，如《普洱茶——商标与往事》（陈静波）、《普洱茶26个古茶样品征集进馆》（李存梅）、《云南省开展知名品牌普洱茶建档活动》（李晓蓉）、《创新征集思路，彰显茶城特色——普洱茶实物档案征集的探索与实践》（黄明芬）、

《西双版纳州启动古茶树资源调查和建档试点工作》（李艳）、《在西双版纳州古茶树资源调查和建档工作启动会上的讲话》（黄凤平）等，实现了"小变化"中的"大成就"，受到省内外媒体的关注，被纷纷转载。

云南是少数民族文化大省，少数民族的原生（本土）文化形态、迥然不同的风俗、口味独特的饮食、与众不同的建筑和服饰等文化要素都是吸引游客的旅游卖点。开发少数民族档案文化资源服务旅游产业，带动地方经济发展在云南已经是比较常见的做法。譬如闻名世界的丽江纳西古乐中采用了东巴音乐；西双版纳州的傣族舞蹈、戏剧，取材自贝叶经的古老记录；大理古城修复的建筑样式参考了图纸档案；阿诗玛的美丽形象来自彝族支系撒尼人口传档案……通过音像档案还原民族歌舞，已发展成为各地重大旅游支柱产业之一。以云南少数民族音像档案为依据创作的大型综合民族歌舞《云南映象》《印象丽江》《勐巴拉娜西》《蝴蝶之梦》《云岭天籁》等，对丰富云南旅游业的民族文化内涵、活跃旅游文化市场具有积极作用，已成为少数民族地区旅游业和文化市场新的经济增长点。由著名舞蹈家杨丽萍出任总编导及艺术总监，并领衔主演的大型原生态歌舞《云南映象》剧目的开发，就是一个典型案例。《云南映象》节目是一台既有传统之美，又有现代之力的舞台新作。它将最原生态的原创乡土歌舞精髓和民族舞蹈经典全新整合重构，再创云南浓郁的民族风情。其中第二场由石屏县花腰彝演出的花腰歌舞以及烟盒舞（烟盒舞是云南石屏、建水、峨山、通海一带的彝族尼苏支系——俗称"三道红彝"青年男女谈情说爱的一种活动）就是由当地彝族民众演出的，这些舞蹈的编排都是从一些彝文历史档案、文献中获得灵感并升华创作而成的。《印象丽江》自2006年7月正式投入商业演出以来，仅2010年就接待国内外观众150万人，实现营业收入1.8亿元，赢得了良好的社会效益和经济效益。如今，丽江的成功做法已被西双版纳、张家界、凤凰古城等地竞相效仿，由具有当地特色的民族歌舞表演拉动着地方旅游业的繁荣发展。[1]从云南省的旅游实践可以看出，档案中蕴藏着丰富的、具有地方特色的旅游文化资源，对其进行开发利用不仅能丰富旅游项目、推动旅游产业发展，更是对文化资源的一种动态传承、保护方式。

云南作为一个旅游大省，以丽江的旅游市场开发为重点，不断采取各种方式来宣传木氏土司与丽江，借此吸引更多的国内外游客。2012年由云南电视台拍摄的《木府风云》开始播出，木氏土司首次以电视连续剧的形式呈现在全国观众面前，引起不小的轰动。木氏土司的谱牒档案也成为拍摄这部电视连续剧的史实依据之一。为了推动丽江档案事业的发展，2005年丽江市档案局在《关于实施档案工作"七项工程"加快丽江档案事业发展的意见》中指出：丽江市档案馆要建设"以提高利用服务为出发点，以资政决策、信息传播、文化交流、社会教育等功能为基础的具有丽江民族特色的现代化管理档案馆库"。"加强对反映地方特色及少数民族政治、经济、文化、宗教情况和民风民俗、名胜古迹等档案资料的收集，以世界文化遗产——丽江古城，世界记忆遗产——纳西东巴古籍文献，世界自然遗产——三江并流自然风光为主的世界遗产文化、茶马古道重镇马帮文化、摩梭人的母系文化、宁蒗彝族的毕摩文化、永

---

[1] 段竹莹：《浅析音像档案开发利用社会合作方向》，《云南档案》2015年第4期。

胜他留人文化等,建立起有地方特色的馆藏体系。"①

从旅游资源的视角来看,少数民族档案资源开发的意义可归纳为以下几点:

第一,少数民族档案资源是民族文化资源的重要组成部分,能够打造成为旅游文化的一个黄金品牌。从民族地区的实际情况来看,旅游产业是民族地区最具发展前途的新兴产业和绿色产业,少数民族档案资源作为人文旅游资源的一部分,不仅具有潜在的旅游品牌开发价值,还可以增强文化吸引力和影响力,为民族地区旅游文化、旅游产业的兴旺发达注入新的活力。

第二,少数民族档案资源的开发利用对于弘扬少数民族旅游文化、提升民族地区的知名度起到积极作用。少数民族档案资源不仅是一个单纯的旅游开发品牌,它还具有丰富深厚的文化要素和文化内涵,实践证明,开发利用少数民族档案资源既是大力宣传云南各民族悠久历史和灿烂文化的重要方式,也是生动展示各族人民风土人情和精神风貌的有效手段。

第三,少数民族档案资源的开发利用有利于促进民族地区旅游经济的快速发展。少数民族档案文化虽然和旅游业的结合时间不长,但在旅游文化和创意产业中有很大的发展空间,也能够创造出可观的经济效益。如云南省石林县彝族旅游文化的开发为当地增加了数十亿元的财政收入,有人做过统计和计算,仅一部《阿诗玛》电影就给石林彝区带来了32亿元的收入。②在碧色寨—滇越铁路历史文化公园的建设项目中,也可以充分

---

① 丽江市政府:《丽江市人民政府办公室批转实施档案工作七项工程加快丽江档案事业发展的意见的通知》,2005年3月31日,gwk.ljs.gov.cn/ReadNew.asp?NewsID=755,2017年7月22日。

② 贾银忠:《中国彝族旅游文化》,四川民族出版社2003年版,第269页。

利用民俗档案资料，为滇越铁路文化、民俗风情体验、山地生态休闲建设提供智力支持。除重点开发历史文化博览区外，在恢复碧色寨至蒙自火车站寸轨、米轨，连接芷村、人字桥，打造百年滇越铁路时光隧道旅游线路中，档案资源也可发挥重要作用。

二 深化民族医药档案文献的开发利用

近年来，在各级地方政府的大力扶持下，在广大民族医药工作者的辛勤努力下，民族民间医药古籍档案的开发利用工作有了很大进展。云南省部分民族地区对各自的民族医药文化进行了系统的整理和研究，编辑出版了一批民族医药志、验方集、选编、名录、图鉴以及用药标准等，如藏族有《藏医精要》《迪庆藏药》《香格里拉民族药图鉴》。彝族有《明代彝医书》《看人辰书》等彝文古籍，还有《彝族医药史》《彝族医药》《彝药志》《楚雄彝州本草》《中国彝族医学基础理论》等现代文献。傣族有《傣医传统方药志》《古傣医验方译释》《傣医传统医药方剂》《德宏傣药验方集》（1—3集）、《档哈雅龙》《竹楼医述》《傣族医药学基础理论》《傣医诊断学》《风病条辨译注》《中国傣医药彩色图谱》《傣医药文化》《〈嘎比迪沙迪巴尼〉译注》《思茅傣族传统医药研究》《傣医药学史》《傣医经典选读》《傣医基础理论》《傣医方剂学》《傣族药》《中国傣医单验秘方大全》《傣族鲜药应用汇编》等。白族有《白族医药》《白族药志》《大理中药资源志》《白族古代医药文献辑录》《白族民间单方验方精萃》《白族医药名家经验集萃》，纳西族有《玉龙本草》，壮族有《壮族民间医药简编》《文山中草药》，哈尼族有《元江哈尼族医药》《哈尼族单验方》《哈尼族医药单验方精选》(一、二),佤族有《中国佤族医药》,拉祜族有《拉祜族常用药》,德昂族有《德昂族药集》,畲族有《畲族医药学》,以及《云南民族药名录》《云南民族民间单验方集》《德宏民族药志》《德宏民族药名录》《怒江中草药》等。①

三 加强重点、珍稀、濒危档案的开发利用

(一)开发利用无文字的少数民族的档案,其中又以濒危语言、文字、口传文化遗产档案为重点

从目前来看,我国有声语档建设已开始起步,科研成果不断涌现。2009年,中国社会科学院人类学与民族学研究所、上海师范大学、广西农业大学等机构的语言学专家到云南指导傣语、景颇语和载瓦语的语档建设项目,主要录音成果是1300个词汇。② 暨南大学汉语方言研究中心承担了国家社科基金重大项目"中国濒危语言数字博物馆建设的理论与实践研究"、国家社科基金重点项目"中国濒危语言有声语档建设的理论体系、实践规程及技术准则研究"、国家语委"十二五"科研规划项目"中国濒危语言有声资源采集、集成、传输技术研究"。暨南大学文学院与广东省博物馆合作共建"中国濒危语言数字博物馆"。云南民族大学也建立了"民族语言文字博物馆"。除云南外,内蒙古、湖南、广西、贵州、海南等省区也建立了少数民族语言语料库。南开大学文学院阿错博士主持的"藏区两种濒危语言——五屯话、倒话纪录与比较研究";中国社会科学院民

---

① 刘斌、陈眉、骆始华、张超:《云南民族医药文献收集整理研究概述》,《云南中医学院学报》2012年第1期。
② 李素琴、杨炳钧:《云南省濒危民族语言有声语档的建设方法探讨》,《大理学院学报》2012年第11期。

族学与人类学研究所徐世璇研究员主持的"南部土家语纪录";黄成龙博士主持的"纳木依语纪录";中央民族大学李锦芳教授主持的"中国西南部仡佬语柔勒、阿欧方言纪录";玉溪师范学院许鲜明教授主持的"中国云南濒危撒都语言文献记录"相继获得英国濒危语言文献记录存档项目基金的资助,在语言数字档案开发方面取得一批高质量研究成果。

云南省档案馆于2016年12月建成并启用了口述历史访谈室。该室位于省档案馆资料楼6楼,共61平方米,设置了演播、非编、中控等功能区,安装了摄影、摄像、录音、演播背景墙、可升降背景墙、非编系统、中控系统、恒温防潮柜等设施设备。口述历史访谈室的建成,为进一步做好少数民族口述历史访谈工作创造了良好条件,提供了重要技术支撑,对促进口述历史访谈工作专业化和信息化水平的提升具有积极作用。普洱市档案局于2010年首次开展了口述历史征集工作,录制口述历史视频约40分钟,填补了馆藏无口述历史档案的空白。现已完成哈尼族、彝族档案抢救与保护的前期摸底调查工作,并将哈尼族照片档案967张、书籍27本、光盘43盘(其中民族音乐13盘、视频18盘、口述档案12盘)、资料11件、服装1套、头饰4件等移交云南省档案局。

(二)开发利用珍贵的、稀见的、濒危的少数民族档案

中华人民共和国成立后的30年(1949—1979年),在纳西族地区,包括东巴教、东巴经典和东巴祭司在内的东巴文化遭到了沉重的打击,几乎濒临灭绝。"文化大革命"结束后,情况也没有很快好转,许多基层干部和群众或心有余悸,或对自己民族的传统文化根本不了解、缺乏文化自信,因此弘扬东巴文化、整理东巴古籍实际上存在着很大限制和难度。直到20世纪

90年代，在以一批六七十岁的在世老东巴为首的民间保护者以及纳西族有识之士的积极宣传、大力推动之下，东巴文化才得以名扬天下，东巴经典还成为"世界记忆遗产"，受到来自联合国教科文组织、中国各级政府、国内外学术界、文化界等各方面的普遍重视与广泛关注，保护工作获得了较多人财物的支持。对东巴文化的保护也吸引了众多社会力量的参与，人们在保护过程中逐渐加深了对东巴古籍文献的认识，使其中蕴含的地方经济、民族文化、旅游品牌开发价值逐渐显露出来，成为丽江地区重要的文化资本，由于它能带来立竿见影、源源不断的经济效益和社会效益，对东巴文化的保护自然成为当地政府的头等大事，进入了良性循环的发展轨道。这是一个以保护促进开发，而适度开发又进一步提升保护效果的典型成功案例，值得我们档案界思考。

洱源县图书馆杨瑞花项目组完成了云南省哲学社会科学精品工程建设项目"洱源县图书馆藏珍稀古籍印刷出版"，其最终成果形式为复印稿《洱源县图书馆藏珍稀古籍》，装订成（一）、（二）两册。两册收录的古籍为洱源县图书馆藏古籍文献《滇诗嗣音集》（二十卷）、《钱通副手札》（不分卷）、《鹤阳新河诗集》（一卷）、《大清矿务章程》（一册）、《东大陆主人言志录》（一卷）、《云南参议院弹劾云南盐运使由云龙贪污不法之书牍》（不分卷），以上6种文献共计1110页左右，每册560页左右。该书稿还被列入《大理文献丛刊》第一卷·洱源县卷的出版计划（第一阶段），拟由广西师范大学出版社影印出版。其项目成果对于提升大理地区"文献名邦"的文化软实力，促进大理大学民族学学科建设和民族文化的保护传承具有一定的现实意义和学术价值。

（三）开发利用反映云南边疆民族关系、民族团结，体现民族地区地方历史文化特色的国家重点档案

如省档案馆特藏库珍藏有清朝地契、清末云南为禁种鸦片倡种桑棉推行实业的档案文献、民国时期富滇银行档案、云南护国首义档案、昆明教案与云南七府矿权的丧失及收回的档案文献、傣文档案（包括贝叶经、折叠经、棉纸经）、白族家谱档案（包括《段氏家谱》和《滇南段氏世系》）、纳西族东巴经档案、彝族毕摩经档案、佤族"卡瓦山佤族酋长印谱"和土司档案以及拉祜族、基诺族、哈尼族的结绳、刻木记事和数豆计龄用的木与绳等、普洱茶品牌实物档案、党和国家领导人题词等馆藏精品，其中多件（组）珍贵档案文献已入选《中国档案文献遗产名录》。

省档案馆少数民族专题数据库收录有反映民族聚居区在贯彻执行民族团结互助、民族帮扶支援、富民兴滇、沿边开放开发等民族政策中的代表性成果；党和国家领导人关心支持各民族发展工作的文字、照片、影像资料；反映各民族农林牧副渔生产方式和主要经济作物、产品、产业、重要代表性基础设施、退耕还林、农田水利改造、深化农村经济体制改革、农村土地改革、林业产权改革、新型城镇化改革、新农村建设、连片特困地区及藏区发展情况资料。此外还有反映各民族重要政策法规、重大事项、生产劳动、生活方式、宗教信仰、民俗活动、歌舞乐器、服饰民居、手工技艺、体育竞技、遗址遗迹的相关档案，以及各种类型的回忆录、地方志、年鉴、谱牒及有价值的图片、照片、影片、口述档案。

（四）开发利用载体脆弱、介质损坏速度快、散存流失在民间和个人手中的民族档案文献

如我国濒危语言调查研究从 20 世纪 80 年代起，迄今已有 30 年历程，积累了一批数量、价值可观的记录资源和语言材料，包括文本文件、图像文件、音频文件、视频文件、网页文件、语言电子文件或数据库文件等。现存濒危语言材料的种类、内容、数量、载体、价值、功能都十分丰富和独特。为此，应建立档案部门主导、跨学科人员合作、语言族群全面参与的合作机制，面向社会需求，积极研发有声语档产品，即立足社会需要，以服务为导向，把濒危语言调查记录和描写材料以及音像档案、电子档案转化为服务社会的多样化、大众化、市场化产品，充分发挥濒危语言档案的学术文化价值，让"死档案"变成"活信息"。如将某些语料加工成初级产品能够方便地转化为产品的各种语音库。在此基础上开发濒危语言在线有声词典、教材、工具书、有声语料的光盘、磁带、录像带、在线课程、视频学习网站、多媒体语言教学片、在线会话诵读故事书、会话小手册及其他多媒体有声语档产品。还可以借助移动互联网、智能移动设备、云端数据库技术、App 的应用等研发濒危语言的应用软件，通过游戏式教学、交互式教学来学习了解濒危语言。值得注意的是，这一过程中必然涉及语言族群和相关利益者的自身权益，如著作权、知识产权、隐私权、使用权等，要给予有力保障并合理分享市场化带来的利益。

四 树立精品、品牌意识

树立精品意识和品牌意识，反映特色，突出优势，彰显亮点，深入实施民族档案文化精品工程，着力打造并大力宣传少

数民族档案特色品牌。档案文化精品和品牌要集中体现民族档案文化的吸引力和竞争力，要富有较大的历史、科学、艺术价值，具有品牌打造潜力和提升民族文化的影响力和辐射力。

20世纪80年代初，少数民族古籍整理出版工作开始恢复和发展起来，全国各地纷纷成立专门机构开展这项工作。1984年，云南省民委成立了"云南省少数民族古籍整理出版规划办公室"，自此以后，全省少数民族古籍、档案、文献的抢救整理出版工作，基本上就由这个专门机构负责组织、联络、协调、指导。三十余年来，云南省少数民族历史古籍、档案、文献的抢救、整理、翻译、出版工作成就斐然，不仅抢救了少数民族古籍3万余册，而且编译了出版民族古籍3000余种和数十种标志性（大型）成果。

兹举以下数例说明：

《云南民族古籍丛书》

该套丛书由云南民族古籍丛书编纂委员会主编。至今已收录彝、回、傣、纳西、哈尼、苗、白、瑶、基诺、普米、傈僳、藏、景颇等少数民族古籍80余部，其中包括：《孟连宣抚史》（傣）、《档哈雅》（傣）、《夷僰榷濮》（彝）、《尼苏夺节》（彝）、《哈尼阿培聪坡坡》（哈尼）、《纳西东巴古籍译注》（一、二、三）、《孟连宣抚司法规》（傣）、《普兹楠兹》（彝）、《勐泐王族世系》（傣）、《洪水泛滥》（彝）、《查诗拉书》（彝）、《厘俸》（傣）、《中国傣族史料辑要》《清真指南译注》（回）、《赊豆榷濮》（彝）、《景谷土司世系》（傣）、《勐果占壁与孟印古代诸王史》（傣）、《白文〈山花碑〉译注》（白）、《云南少数民族官印集》《傣族风俗歌》《傣族创世史诗》《车里宣慰使世系集解》（傣）、《裴妥梅尼——苏颇》（彝）、《指路经》(彝)、《勐勐土司世系》(傣)、《天方典礼》(回)、《彝族创世诗》《普米族祭祀歌》《裴妥梅尼——苏嫫》(彝)、《斯批黑哲》(哈尼)、《尼补木司》(彝)、《西部苗族古歌》《丧葬歌》(傈僳)、《瑶族石刻录》《巴诗与米诗——基诺族民间长诗》①《祭天古歌》(纳西)、《祭龙经》(彝)、《六祖史诗》(彝)、《彝族创世史诗——阿黑西尼摩》《滇南彝族指路经》《牟定彝族民歌选》等。此外，昆明市石林县还出版了《石林民族古籍丛书》。

《纳西东巴古籍译注全集》(100卷936册)

由云南省社会科学院东巴文化研究所编译出版，是近一个世纪以来纳西东巴文化研究的集大成者。《全集》经过分类，除去重复，选入不同种类的东巴经书897种。"《全集》分类，基本上是按东巴教内部的类属，分为五大类：祈神类、禳鬼类、丧葬类、占卜类及其他类（包括舞蹈、杂言、字书、药书）等经典。《全集》的译注，采取科学严谨的五层次对照的文献译注体例。所以，这部内容浩繁、博大精深的东巴圣典，具有严谨的科学性和权威性。"②每篇东巴经题名下标有中英文内容提要，然后紧跟东巴象形字原文，一行行标音释读，最后是汉文翻译及注释。不仅便于阅读、查询和检索，而且有利于今后对这些经典的深入研究。

《大理丛书》(10辑53卷100册)

是一项整理大理地方文献的系统工程，被誉为"白族的永乐大典"。全套丛书分为《金石篇》《本主篇》《艺术篇》《白

---

① 本书编委会：《云南百科全书》，中国大百科全书出版社1999年版，第819页。
② 和力民：《东巴经典大破译——写在〈纳西东巴古籍译注全集〉出版之际》，《民族团结》1998年第2期。

语篇》《方志篇》《建筑篇》《族谱篇》《史籍篇》《大藏经篇》《考古文物篇》十大专辑，荟萃自上古以来大理地区历史文化之精华，大理州档案馆参与编辑出版了《金石篇》《族谱篇》等。其中的《金石篇》收录了东汉至民国年间大理地区和与大理地区历史文化有关的汉文碑、梵文碑、神道碑、石刻摩崖、器物铭文、砖瓦铭文、木刻拓片、官印等金石资料，总计1109件，并附有原物的图片、录文和简要的介绍说明。《族谱篇》收集整理以白族为主兼及大理地区彝族、回族等民族的家谱族志64部，其中白族族谱除聚居地大理地区外，还包括散居的湖南省桑植县、贵州省毕节地区、昆明市宜良县、保山市腾冲县，乃至缅甸的白族后裔，许多族谱都是手抄本，经科学地规范标注后第一次公开出版。《史籍篇》汇集从汉代以来的正史、云南地方史籍及私家著述中有关大理地区的历史资料近280种，其中近120种为手抄本。按经部文献（易类、诗类、经总义类）、史部文献（古代历史文献、近代史料文献、人物传记、日记杂录、大理人撰写的历史著作、游记、奏议公牍）、子部文献（儒家类、兵家类、天文类、算法类、杂家类、释家类）、集部文献（明清诗文集、诗文总集、合刻集、诗文评类、近代别集）、地理文献5大类21小类影印编辑出版。

《中国贝叶经全集》（100集）

西双版纳傣族自治州政府自2001年起开始收集、翻译、出版傣族贝叶经，投资800多万元，规划、编译、出版了《中国贝叶经全集》100集（于2010年5月全部出齐），共计9000万字。此书有近百人参与，历经9年完成，被誉为傣族的"万有文库"和"百科全书"，堪称迄今为止内容最宏富、涵括最全面、卷帙最浩繁的中国傣族文化总集，是云南省民族文化强省建设的又一标志性成果。

《彝族毕摩经典译注》（100卷）

毕摩文献是彝族祭司"毕摩"形成和使用的宗教经籍。此书是中国乃至世界第一部毕摩文化遗产巨著，被誉为"彝族四库全书"，这项编译出版工程也是我国首次对彝族毕摩传统文化进行大规模盘点和展示，全书分为彝文文献与口碑文献两大类，彝文文献采用彝文、国际音标注音、汉文直译和意译四对照，口碑文献采用国际音标注音、汉文直译和意译三对照，两类后面加汉文意译整理及注释，现已全部出版。

《中国少数民族古籍总目提要》

作为国家民委主持的一项跨世纪重点建设项目，是一套大型全国少数民族古籍解题书目，按民族分卷，每个民族分出一册或若干册，共60卷110册，收录的古籍种类包括"书籍""铭刻""文书"和"讲唱"四大类。最早出版的分卷是《纳西族卷》。根据《中国少数民族古籍总目提要·编写提纲》的要求，《纳西族卷》分甲、乙、丙、丁四编，甲编为"书籍类"，文献条目以《纳西东巴文献译注全集》所收897种文献的分类目录及提要为基础，增编了白地、俄亚的一些书目，同时增编了明、清两代纳西人用汉文书写的部分文献目录。乙编为"铭刻类"，含砖刻、石刻、木刻。丙编为"文书类"，丁编为"讲唱类"，含神话传说、民间故事、史诗歌谣。

《云南少数民族古籍珍本集成》（100卷）

2012年，云南省少数民族古籍整理出版规划办公室组织专业技术人员深入各民族村寨拍摄散存于民间的古籍文献孤本、善本和珍本，编纂出版《云南少数民族古籍珍本集成》。该大型套书是云南省少数民族文化精品工程项目之一，计划在六年内

（2012—2018年）出版100卷，收录云南省25个世居少数民族的文献古籍和口传古籍精品。前20卷共含傣族、白族、彝族、藏族4个民族，其中收录了傣族著名的叙事长诗《三牙象》《红牙白象》《元龙太子》《金鼠》等，历史文化典籍《沙莎纳芒鉴》；白族《赵氏族谱》、白族大本曲《梁山伯与祝英台》《火烧磨房记》《白鹦哥行孝》等；彝族叙事长诗《董永记》《凤凰记》等；藏族佛教经典《贤劫经》《莲花生大师传》等，各民族卷均是在精心甄选的基础上打造而成的。

另有《中国彝族谱牒选编》等跨地区系列丛书，以及《清末滇边务档案史料》、《云南少数民族社会历史调查资料汇编》、《〈明实录〉有关云南历史资料摘抄》、《〈清实录〉有关云南史料汇编》、《云南少数民族官印集》、《云南史料选编》、《云南史料丛刊》（方国瑜）、《见证历史的巨变——云南少数民族社会发展纪实》（大型民族历史图片集）、《云南百年历史名碑》、《云南文史集粹》、《清代云南稿本史料》、《云南古代官印集释》（肖明华）、《云南林业文化碑刻》（曹善寿）等一批史料汇编。

在整理出版少数民族文字古籍、档案资料的同时，云南省各文化机构还完成了1万余种少数民族口述资料的整理。其代表性著作有：

《云南民族口传非物质文化遗产总目提要》（12册1000万字）

由云南省民族古籍办公室用了6年时间，组织60多位专家，编辑出版了这部上千万字的大型套书，全书分为《神话传说卷》《民间故事卷》《史诗歌谣卷》共计3部6卷，收录口传非物质文化遗产2.3万余种。这既是对云南各民族口耳相传的民族史诗、传说、神话等"无字文化"的第一次完整性收录，也是对云南各民族口传非物质文化遗产的第一次大汇总，在全国尚属首创，种类和数量均居全国第一，为云南各民族历史文化的追根溯源和比较研究打下了基础、创造了条件，被誉为云南少数民族的"四库全书"。

《哈尼族口传文化译注全集》（100卷6000万字）

2008年年底启动实施，由红河州人民政府投资1000万元，组织有关专家、学者收集民间口传文献，对哈尼族人民世代积累的丰富口传文化展开全面系统的收集、整理、翻译、出版，规划编译100卷、6000万字，分为史诗12卷、神话传说故事14卷、宗教祭词29卷、谱牒20卷、歌谣16卷、词语汇集3卷、天文历法2卷，采用哈尼语、国际音标、汉译三对照。涵盖范围以云南省红河州为主，涉及省内西双版纳、思茅、玉溪等哈尼族地区，还兼顾东南亚哈尼族（阿卡人）地区，其中包括缅甸、泰国、老挝、越南等国家的有关地区。[①] 此书堪称国内外首部全面系统反映哈尼族口传文化的精品文献，对于挖掘和弘扬哈尼族优秀传统文化、推动红河州民族文化大州建设具有重要深远的意义。

但值得注意的是，上述这些工作大都由非档案机构主体完成。档案部门主要是提供相关的馆藏档案资料，为编史修志服务，很少直接参与编译工作，不仅精加工、深加工产品较少，而且大型综合性成果更少。

五 注重深度挖掘和学术研究

充分发挥档案信息资源不可替代的优势和特点，充分体现

---

① 《哈尼族口传文化译注全集》，《百度百科》2012年6月24日，www.baike.baidu.com，2017年7月22日。

档案信息资源的民族性、群众性、文化性、时代性，充分挖掘档案信息资源所包含的非物质形态内容，如民间典故、民风民俗、历史人物以及能够体现地域特色的其他乡土符号和元素，发扬其独特的历史文化内涵，形成个性鲜明的乡土记忆，使民族精神经久不衰。

民族文化资源丰富多彩、博大精深，无论是有形文化资产还是无形文化遗产都包含档案文化的元素，需要开发者们对各民族的档案文化资源进行全方位、多角度、深层次的开发利用，在宗教典籍、文学艺术、民间工艺、民俗风情、口述历史、非物质文化遗产等方面进行深入的挖掘和研究，将其宽广的文化视野、深邃的思想意识和丰富的知识蕴含全面展示、提炼出来，为民族档案文化建设提供第一手资料和生动素材。

云南楚雄彝族自治州档案局（馆）工作人员在局（馆）长高建祥的带领下，开展了《楚雄州历代碑铭石刻收集、整理、开发、利用》的课题研究，对500多块碑铭石刻进行了拓印、整理、录入、校对、编辑等工作，完成了《楚雄历代碑铭石刻资料》一书的编纂，每套4本，每本400页。

第二节　方法

一　汇编公布民族档案史料

云南的少数民族语言文化、宗教文化、民俗文化、边屯文化、生态文化、传统村寨文化等丰富深厚，是最具文化价值和地方特色的档案资源，汇编公布民族档案史料就是充分挖掘和整合这些档案资源，编辑出版各种档案史料汇编、选编、简编和专辑，发挥档案的独特价值和作用。

民族档案史料的汇编公布应做到以下"三个必须"：

一是必须以党和国家的民族理论和民族政策为指导，注意历史性和现实性相结合，政治性、科学性与服务性相结合，力求使该项工作符合档案史料汇编的规范和要求。在前期研究的基础上，深入开展后期调研工作，了解省内外保存的云南少数民族档案文献的基本情况，并对相关档案史料进行全面系统的收集。

二是必须遵循历史唯物主义原则，对查阅、收集到的材料进行分析、研究和挑选，正确判断其公布价值，弄清哪些具有较高的学术价值？哪些价值比较低或无价值？使选入汇编的材料真实可靠地反映历史的本来面貌，具有较高的利用价值，能为现实和长远的学术研究需要服务。

三是必须坚持社会主义先进文化的发展方向，坚持正确的政治导向，政治立场鲜明，思想观点正确，符合党的各项方针政策，遵守国家的各项法律法规。运用档案文献编纂的程序、体例和方法，包括材料的转录、加工、编排等编纂公布的方法，对档案文献进行整理与汇编。档案史料的选题、选材、加工、编排、审核、出版做到精益求精，严把编研质量关，使编纂出的汇编成果具有较高的文献版本价值和学术史料价值。

云南少数民族档案史料的编纂利用在古代的很长时间内，基本上处在收集、摘录、传抄的阶段。元代，雕版印刷技术在云南兴起后，编印出版了许多文献古籍。明清两代，古籍文献的整理、编辑和翻译取得了较大进展，这得益于当时的一部分文人学士参与这项编纂活动中。其中有明代学者杨慎根据僰文翻译著述的《白古通纪》（汉文名为《滇载记》），清代刘文典、袁文揆选辑的《滇南诗略》和《滇南文略》，王崧的《云南备征志》等。民国初年整理、编辑、出版的《云南丛书》初编、二编，收集了历代云南文献古籍221种（其中41种未刊）。于20世纪30年代编成、40年代出版的《新纂云南通志》集云南古籍文献之大成。在这部卷帙浩繁的著作中，有整理、有勘误、有考证、有校释。

中华人民共和国成立后，由于受历次政治运动和"文化大革命"的影响，现代意义上的云南少数民族档案编纂利用工作直到20世纪80年代才开展起来。为了系统而广泛地向社会和利用者提供所需要的档案信息，包括国家综合档案馆在内的全省各级各类档案馆（室）成立专门机构或指定编研人员，编辑出版了公开的、供内部参考的各种档案史料。

云南省档案局（馆）从20世纪80年代初开始设专人开展档案文献编辑、研究工作，1983年正式设立编研机构（后改为编研利用处，现改为社会利用处），出版发行了《云南档案史料》（季刊），先后在该刊物上公布了一批云南少数民族档案史料。《云南档案史料》停刊后，又在《云南档案》（月刊）杂志上开辟专栏，继续公布少数民族档案史料。并与《昆明日报》合作开办《云南档案揭秘》之"红色昆明"栏目，定期刊登史料编研文章。

在少数民族档案史料汇编公布中，土司土官档案史料的编纂利用引人注目、成就突出。元明清时期，中央王朝在我国西南地区（云南、贵州、四川）、中南地区（湖南、湖北、广西）、西北地区（甘青地区、藏区）推行"以夷制夷"的土司制度，委任当地少数民族首领担任府、州、县土官，并世代承袭。土官在其统治过程中形成了大量的文书档案。中华人民共和国成立后，随着大规模少数民族社会历史调查工作的开展，土司档案史料的编纂成果也相继出现，为党和国家民族理论与民族政策的制定以及中国民族史研究提供了丰富翔实的原始资料。

云南楚雄彝族文化研究所和北京图书馆合作，对清代那氏彝族土司文书档案进行了全面的校注整理，择其珍贵文档编辑而成《清代武定彝族那氏土司档案史料校编》，于1993年5月由中央民族学院出版社出版。该书刊录那氏土司档案原件195篇，分为政治、军事、经济、司法、谱系、立嗣、鸦片问题、其他八个大类，内容丰富，史料翔实，对研究明、清土司制度和武定彝族社会发展史、那氏土司兴衰以及民俗学都有较高的历史价值。

纳西族地区的土官土司制度早在元代即已确立，自元代在纳西族地区推行土官土司制度后，丽江木氏土司世袭土司之职。滇西北的纳西族木氏土司，原为父子连名制。明初朱元璋赐姓木，始有汉姓。其家族若从元代受封"茶罕章宣慰司"算起，至雍正元年改土归流，统治该地区约23代、共470年。明朝时期，丽江木氏土司的势力曾扩展到西藏芒康、四川巴塘、里塘等地，成为滇、川、藏交界地区的一大豪强。在近五百年的时间里，木氏家族是纳西族地区的实际统治者，对滇西北乃至整个滇、川、藏地区的政治、经济、文化和社会生活等各方面都产生了决定性影响。

木氏土司在其雄踞滇西北及今川藏边界纳西族地区的数百年间，形成了内容丰富、价值珍贵的档案史料，其种类包括圣旨、公文书、亲供册、传记、图表、谱牒、手稿、碑碣、摩崖等，这些档案文献是纳西族历史档案的重要组成部分，它不仅记录了木氏家族本身的历史，而且反映了纳西族古代社会的一些真实面貌，具有很高的史料价值。按其载体材料可分为两大类：一是金石档案文献。铭刻记事是古代各民族的一种传统记事方法。木土司和其他民族的土司一样，也使用金石来记载历史上的一些重大事件和人物。这些金石碑刻铭文与其他载体的文献一样，是一种第一手的原始资料，档案界称为"石刻档案"。二是纸质档案文献。木土司的档案文献不仅有金石碑刻铭文，而且还有以纸张为载体的传袭宦谱、人物传记、文书图表、史志典籍等，这些难得的史料文献为我们研究木氏家族史乃至滇西北历史及滇藏交往史提供了重要资料。其中最为引人瞩目的当属谱牒档案，内容涉及边政、战争、授职、承袭、升迁、纳贡、民族关系等方面，是研究我国土司制度特别是纳西族封建领主土司制度的第一手材料。但可惜的是，由于朝代的更替、天灾人祸的频发，以及近百年来历次政治运动的冲击，木氏土司署珍藏文献的玉音楼、万卷楼被毁，家庙中的碑刻被逐字凿没，木府家藏的档案资料、原刻图籍被一并抄走，甚至木氏土司捐资建造的丽江福国寺、宾川鸡足山悉檀寺等也被拆毁，贮藏于其中的丰富文物资料散失，部分资料流散民间，为外地的文化人收藏而得以保存。[①] 如20世纪50年代初，云南省博物馆及鸡足山佛教协会分别收集到《木氏宦谱》；曾在北京工作过的纳西族学者周汝诚抄存了《皇明恩纶录》；法国巴克、美籍奥地

[①] 据木光在《木府经历的三次浩劫》一文中称：（1）清顺治四年（1647）流寇刘文秀残部逃窜丽江，劫掠木氏历代钦赐金银珠宝牒物，所藏敕书诰命俱被罄尽；（2）清雍正元年（1723）流官杨馝到丽江上任，毁掉了木氏档案卷宗及祖遗田契，派衙吏烧毁文书档案；（3）清朝咸丰、同治年间杜文秀部将率军多次攻占丽江，木天王府、万卷楼、光碧楼、木氏勋祠府署及家院全部毁于兵燹，木府收藏保存的大量档案图籍及木刻版片也随之毁于一旦、荡然无存，（木光：《木府经历的三次浩劫》，载木光《木府风云录》，云南民族出版社2006年版，第220页）致使木氏土司的档案文献，特别是原件、原稿，遗存至今的为数甚少。

利学者洛克先后拍摄和请人绘制过《木氏宦谱》，刊载于他们的著作中。①

从20世纪80年代以来，对丽江木氏土司及其著述的研究引起了专家学者的关注，先后发表和出版了一些论著。国内对丽江木氏土司及其史料文献的研究状况可分为两个方面：一是对丽江木氏土司本身的研究。如郭大烈的《明代丽江木氏土司概论》（《研究集刊》1980年第3期）是国内较早论述明代丽江木氏土司的文章。近年来余海波著的《木氏土司与丽江》（云南民族出版社2002年版）一书利用木氏土司的档案文献，重点评述了明代木氏土司在政治、经济、军事、宗教、建筑、文化等方面的活动以及源流影响、经验教训。在2007年11月召开的"丽江木氏土司与滇川藏交角区域历史文化研讨会"上，与会专家学者多角度、多层次、多方位探讨了丽江木氏土司与滇川藏交角区域历史文化的关系。如杨俊生的《木氏土司与朝贡制度》一文结合明朝档案文献中有关木氏进贡的记录，考察了明代木氏土司扩展领地、开矿、收税、朝贡的历程、动因及影响，客观评价了其治理一方的功绩。

二是对丽江木氏土司档案文献的介绍和评述。如王立政的《丽江纳西族的"木氏宦谱"》、方国瑜的《木氏宦谱跋》、李伟卿的《木氏土司和丽江壁画》、孙太初的《丽江纳西族土官木氏群书叙录》、李硕的《明代丽江纳西族木公诗集七种及补说》、木仕华的《明代丽江木氏土司有关汉文史料综述》、余海波、余嘉华的《明代纳西族文化的奇葩——丽江木氏土司著

---

① 余嘉华：《用文化引领民族精神和风尚——〈木府风云录〉序》，载木光《木府风云录》，云南民族出版社2006年版，第5页。

作》、陈子丹的《纳西族汉文档案史料简论》和《丽江木氏土司档案文献评述》、江桥的《清宫文档拾零——雍正初年丽江土司情形折》、和力民的《丽江木氏历代宗谱碑考证》、木宽的《〈木氏宦谱〉图像谱到底出自谁手？》和《末代木氏土司〈亲供〉的得与失》等论文，分别从文献、古籍、史料、档案、文物等多角度进行了研究。但从现有的研究成果来看，不仅数量少，而且研究的深度不够，大多仅限于对史料文献的简要介绍和评述，而档案史料的整理汇编成果几乎还是空白。由于缺乏翔实可靠的档案史料作支撑，也严重影响了一些问题的深入研究，如对白地摩崖的作者是否为木高的争论就缺乏足够的证据。

受资料的限制，国外对丽江木氏土司档案文献的整理与研究做得很少。仅有洛克在《中国西南的古纳西王国》等书中利用了部分木土司保存的档案图籍，书中还收录了木土司的一些珍贵画像和照片，并提到了木土司的部分碑刻档案，如木青、木东传记碑等。由于木氏土司形成的档案文献留存至今的为数甚少，过去对其重要性和珍贵价值认识不足、重视不够，也缺乏客观公正的评价，至今没有进行过完整和系统的收集、整理、编纂与利用，有不少已经再度流失和损坏。因此，选编公布丽江木氏土司档案文献不仅意义重大，而且刻不容缓。

2001年，由云南省博物馆供稿，云南美术出版社首次采用彩色影印、制版成书的方式刊印出版了《木氏宦谱》手抄本，使这部在省博物馆库房中沉睡了近五十载的珍贵谱牒档案终于重新面世。可惜第一版的发行量只有2000本，能够看到此书真实原貌的人仍然少之又少。

2006年，云南民族出版社再版了木光编著的《木府风云录》，该书收录了《木氏宦谱》甲、乙本及有关传记、木琼

《承袭亲供册》《木氏历代宗谱》碑、《皇明恩纶录》、木氏序系排行表、历代木氏土知府承袭简表、明代御赐金牌金带、封诰、题字等档案文献，此外还有木氏土司诗文选、明清学者论木氏土司及其诗文集序以及编著者木光（木氏三十四世）研究木氏土司的文章，[①]为研究丽江木氏土司提供了最重要、最基础的资料，也为丽江地方文化建设做出了贡献。该书不仅全面、系统地收集、整理和选编了丽江木氏土司形成的档案史料，其研究成果将弥补木氏土司档案史料整理汇编成果严重不足的缺憾，而且初步建立起一个集中反映丽江木氏土司问题的档案史料体系，在这一体系框架下选编的档案史料涉及政治、军事、经济、宗教、文化、土司制度、民族关系等各个方面，改变了以往仅有部分文史资料零星登载木氏土司档案史料的状况，将为研究木氏土司乃至滇西北历史及滇川藏交往史提供一部系统全面、翔实可靠的档案史料汇编。

《永宁土司署档案文书摘抄》抄录了永宁土司衙署的部分档案文书。

对傣族地区土司档案的编纂最具代表意义，并取得了丰硕成果，先后整理编辑了干崖刀氏、盏达刀思氏、盏西孟氏、南甸龚氏、遮放多氏、芒市方氏、陇川多氏、盈江刀氏、耿马罕氏各地土司的政务文书、经济文书、家谱文书等多方面的档案史料。1947年李拂一编译的《泐史》和傣汉文对照的《车里宣慰世系》出版，这是傣泐文史料系统汉译的首次面世。1953年方国瑜辑录出版的《元代云南行省傣族史料编年》是中国傣族史的第一本专著。自20世纪50年代以来，刀国栋、孟尊贤、

[①] 木光：《木府风云录》，云南民族出版社2006年版，第1—4页。

刀光强、刀述仁、龚肃政、刀安禄、刀永明、岩温扁以及傅懋勣、张公瑾、高立士、杨铸等先后翻译了《傣族宣慰司地方志》《孟连宣抚史》《嘿勐咕勐——勐卯古代诸王史》《勐泐王族世系》，以及政治制度、法律、历法、医药等上百部（份）文献史料，其中有相当一部分是各州、县的"古籍办"整理出版的。

《傣族社会历史调查》（西双版纳之二）刊载了由刀光强、李文贡整理翻译的《车里宣慰使（召片领）封头人的委状及其颁发的"诏书"》《"阿牙谢孔"》（加封召勐随同委状颁发的诏书）《地方头人、百姓保荐"波朗勐"的呈文》；《傣族社会历史调查》（西双版纳之九）收录了刀光强、朱德普翻译整理的《西双版纳召片领（车里宣慰使）及其权力机构系统》；《傣族社会历史调查》（西双版纳之十）刊录了根据20世纪50年代民族调查材料译稿整理形成的《封建负担材料汇编》。《德宏傣族社会历史调查》第2辑刊登了根据傣文家谱译注的《盈江刀氏土司家谱》；第3辑刊录了方一龙根据傣文原本翻译的《芒市历代土司简史》。

《版纳文史资料选辑》第1辑登载了西双版纳州政协整理译注的《车里宣慰使世系简史》；第3辑刊载了景洪县政协文史组整理译注的《勐龙土司简史》；第5辑收录了景洪县政协整理译注的《勐罕土司世系》，勐腊县政协整理译注的《勐腊土司世系》，岩罕整理译注的《车里宣慰使的通令》和《西双版纳宣慰使司之礼仪规程》，勐腊县民委整理译注的《勐腊土司的一些礼俗规定》。《景洪文史资料选辑》第1辑收载了玉嘎、岩罕翻译的《版纳勐龙土司简史》，召存礼、岩罕翻译的《勐养历代叭龙简史》，连廷校、岩庄翻译的《版纳勐很（普文）土司简史》，召存礼翻译的《勐旺土把总简史》。《德宏史志资料》第

11辑刊载了刀安禄翻译、杨永生整理并注释的《刀思忠及其先祖史》，马向东、杨炳堃选编的《干崖宣抚司刀氏家谱汉译本》，傅于尧选编的《干崖宣抚司刀氏傣文家谱》（盏达土司后裔思赛章老人口译）。

云南省少数民族古籍整理出版规划办公室组织出版了刀国栋、刀永明翻译的《勐泐王族世系》，薛贤、周凤祥翻译整理的《景谷土司世系》，刀永明、薛贤翻译的《勐勐土司世系》，刀述仁、刀永明、康朗庄翻译整理的《车里宣慰使世系集解》。

《耿马土司历史译稿》是一本研究傣族土司社会制度的重要文稿。该书以县档案馆收藏的傣文档案为基础，由原县志办主任杨铸翻译整理，在耿马县成立50周年之际编印出版。

二 编辑民族档案画册图片、信息参考、知识读本

（一）编辑刊印民族档案画册图片

云南省档案局（馆）除编印了《红土高原的记忆——档案中的云南历史》《山水茶事，别样云南——云南省档案馆馆藏普洱茶档案画册》《云南省档案馆馆藏名人手迹》等画册外，还于2015年开发了档案文化产品《图说云南老戏台》一书。此书荣获第二十四届中国西部地区优秀科技图书奖。2016—2017年编辑出版了《云南文庙影像》一书。该书是省档案馆在利用已有馆藏档案资源的基础上，为弥补文庙档案资源影像资料不足的缺憾，组织人员对现存云南各地的文庙开展影像采集工作，并对与文庙有关的，以倡导人文、振兴文风为寓意的文化建筑文笔塔也进行了全面的拍摄采集，最终编成的丰硕成果。该书分为"文庙今韵""文笔塔影"两部分，计5万余字，通过翔实的档案资料、平实的语言文字、540余帧精美的图片，从不同

的角度,全面呈现了全省各地57处文庙、51座文笔塔的历史状况和今日风貌。《云南文庙影像》一书图文并茂,既是对全省各地文庙和文笔塔修建保存情况的系统梳理,又是对文庙和文笔塔现状最客观、最真实、最生动的记录。该书的正式出版发行,是省档案局馆惠存历史、与时俱进,主动服务和融入云南省民族文化强省建设的又一力证。①

昭通市档案局馆编辑的大型画册《昭通兰台》,全面反映了中华人民共和国成立以来昭通档案工作的发展变化,编研开发的《兰台金辉耀乌蒙》发展成就画册,得到各级领导和社会各界的普遍好评。普洱市档案馆编辑了《普洱记忆——普洱档案图片选辑》,以大量珍贵的文书、照片、实物档案真实再现了普洱100多年来的风云变幻和历史轨迹。

(二)编辑发行民族档案信息参考

各级档案部门贴近经济社会发展,积极尝试从档案视角挖掘历史经验,编辑出版各种专题研究、档案汇编和大事记等信息参考资料,主动送交各级领导和有关部门参阅,充分发挥档案的资政、智库作用,为各级民族工作机构和宗教部门提供急需的知识信息和历史经验。

云南省档案(局)馆牢牢把握党和国家有关新时期、新阶段民族、宗教工作的理论、方针和政策,按照《云南省档案事业发展"十三五"规划》中提出的目标、任务和要求,关注边疆民族地区的时事热点,配合民族地区的各项重大活动,通过定期编辑《档案信息参阅》,印发了《接轨世界的窗口,改革

---

① 陈静波:《我局又一档案文化产品〈云南文庙影像〉出版发行》,《云南档案信息网》,2017年8月14日,www.ynda.gov.cn/jgdt/201708/t20170814_599126.html,2017年7月10日。

开放的前沿》（第3期）、《1950年以来云南省6.3级以上地震资料辑要》（第9期）、《云南省建国以来重大旱灾基本情况辑要》（第14期）、《云南省建国以来水利建设基本情况资料选辑》（第15期）、《富滇银行创建与重建的启示》（第29期）、《云南盐业的机遇与挑战》（第35期）、《中缅边境贸易档案资料选辑》等档案信息，内容涉及重大自然灾害、民族区域自治、禁毒斗争、预防艾滋病、水利建设、水库移民安置、机构改革和精简整编等方面，主动为省委、省政府领导和有关部门的科学决策提供可靠信息，受到省委、省政府领导及相关部门的充分肯定和高度评价。[①] 昭通市档案局馆坚持每月编印一期《昭通档案》，发送市级领导、省档案局、市直所有单位和县（区）档案部门，介绍档案工作新经验、新做法，及时报道工作简况和动态。[②]

（三）编辑出版民族档案知识读本

云南省各级档案部门深入挖掘档案信息资源，加大档案文化产品开发力度，与新闻出版社、方志办、民族工作、高校、研究机构等其他部门合作，编辑出版民族档案通俗读物、史志、丛书乃至教材和学术论著。如云南省档案局馆近年来依托馆藏，积极开发系列档案文化产品，先后编辑出版了《中国档案精粹·云南卷》、《昆明声音》、《昆明解放》、《南侨机工回国抗战史料汇编》、《南侨机工档案史料选编》（云南省档案馆馆藏部分）、《滇越铁路史料汇编》、《百年富滇银行》、《云南百年留学

[①] 黄凤平：《谋划发展　创新奋进　认真践行科学发展观　开创云南档案事业新局面——在全省档案局长馆长会议上的讲话》，《云南档案》2011年第2期。

[②] 易正春：《春风化雨润兰台——昭通市档案宣传工作纪实》，《云南档案》2011年第2期。

史》、《云南土司世系名录》、《云南土司世系年表》、《云南土司遗迹》、《云南土司抗战研究》、《话说云南老字号》等，启动实施"话说云南"系列丛书计划，受到社会和有关专家学者的关注和好评。昆明市档案局出版了《馆藏名人手迹汇编》、玉溪市档案局编辑出版了《玉溪碑刻选集》、大理州档案局利用馆藏档案编辑出版了《档案中的大理三月街》等，对发挥民族档案的价值起到了积极作用。

三 摄制民族档案影视专题片

各级档案部门以档案史料为主题，将报刊、广播、电视、电影与网站、网络媒体、移动通信等结合起来，联合相关部门拍摄电视剧、专题片、微电影等影视作品，制作和推出有社会影响力、吸引力的档案史料专栏和电视文献纪录片，扩大档案文化产品的影响力和知名度，促进社会档案意识的增强。如云南省档案馆在联合上下功夫，每年推出1—2个有影响力的史料专题片。如文山州档案局着手拍摄《文山档案》和反映中华人民共和国成立60周年特别是改革开放30多年来文山壮族自治州各行各业经济社会发展情况的专题资料片；昭通市档案局馆摄录制作了昭通档案工作宣传专题片《兰台金辉耀乌蒙》《乌蒙兰台四时春》，介绍昭通档案工作，记录和反映昭通档案工作的巨大变化和累累硕果；[①] 昌宁县档案局为拍摄电影《苗岭霓裳》提供档案资料服务。

---

① 易正春：《春风化雨润兰台——昭通市档案宣传工作纪实》，《云南档案》2011年第2期。

四　举办民族档案文化展览

档案展览是开展档案利用工作最活跃的形式，也是档案文化产品开发最直接的方式，要利用档案部门优势，围绕党和政府的中心工作和社会需求，单独或联合举办各种各类内容丰富生动、形式灵活多样的档案展览，广泛开展各族人民群众喜闻乐见的档案宣传活动，提高档案工作的地位和知名度，扩大档案部门的社会认知度和文化影响力。如省档案馆举办了《护国运动展》《馆藏云南名人档案展》《少数民族人物与服饰展》，接待省内外参观人员1107人次，并实现了网上在线展览，网站点击率达54457人次。玉溪市档案局举办了《回眸中的奋进》档案展览。作为巍山县祭祖节和小吃节的重要内容之一，巍山县档案馆在新馆建成之时，特别推出了《中华明珠·巍山记忆综合展》《兰台巍山·历史遗痕馆藏展》《巍山县城规划建设展》《聚焦巍山·我爱我家摄影展》四个展览。展览内容丰富，富有民族特色，通过馆藏大量珍贵的文献史料、图片和文字档案，多角度、全方位地展示了巍山悠久的地方历史和发展变迁，再现了中华人民共和国成立以来巍山县在社会经济发展、社会主义两个文明建设中取得的显著成就。①

五　实施民族历史记忆工程（云南民族记忆工程）

云南民族记忆工程（亦称"云南民族文化记忆工程"）由具有国家或全省意义、省内区域、城市、乡村意义的民族文化

---

① 李晓蓉、艾丽：《巍山县档案馆举行对公众服务开放暨"爱国主义教育展"开展仪式》，《云南档案》2014年第3期。

记忆以及反映各族人民群众工作、学习和生活的历史文化记忆等组成。"十二五"时期，主要实施"云南名人""口述历史""特色支柱产业""品牌普洱茶"等全省重点项目，以及非物质文化遗产、民间艺术、民俗风情、名胜古迹、宗教典籍等省内各地统筹推进的项目。

实施云南民族记忆工程的一项重要工作是建立云南民族记忆工程名录。截至2015年，国家档案局在全国范围内评审通过了四批共计142件（组）"中国档案文献遗产"。2002年3月公布的第一批《中国档案文献遗产名录》有48件（组）档案文献入选，云南省有纳西族东巴古籍、云南护国首义档案；2003年10月公布的第二批《中国档案文献遗产名录》有35件（组）档案文献入选，云南省有昆明教案与云南七府矿权的丧失及收回的档案文献、彝族档案文献；2010年2月公布的第三批《中国档案文献遗产名录》有30件（组）档案文献入选，云南省有清末云南为禁种鸦片倡种桑棉推行实业的档案文献；2015年4月公布的第四批《中国档案文献遗产名录》有29件（组）档案文献入选，其中10件是少数民族档案文献，云南省档案馆的"卡瓦山佤族酋长印谱"入选。

2006年制定发布的《云南省珍贵档案文献评选办法（暂行）》规定："自2006年起，凡申报'中国档案文献遗产工程'项目的档案，均从本省入选的珍贵档案文献中推荐。（已入选'中国档案文献遗产工程'项目的档案，自然进入'云南省珍贵档案文献'）。"首批评选出37件云南省珍贵档案文献。

六 建设云南非遗资源数据库、历史档案数据库

（一）建设云南非物质文化遗产资源数据库系统

数据库在数据存储和数据管理方面具有强大的优势，因而被广泛应用到非物质文化遗产的保护和传承工作中。各地可依据本地非物质文化遗产的特点和图书馆的实际，在软件、硬件条件成熟的情况下，结合文化信息资源共享工程资源建设规划的要求，建立非物质文化遗产专题数据库。云南省图书馆可以借鉴其成功经验，利用网络平台与省文化厅、文物局、非物质文化遗产保护中心等部门远程连接在一起。为政府部门申报非物质文化遗产项目提供参考信息。

（二）建立全省范围内的少数民族历史档案数据库

根据目前少数民族历史档案数据情况，少数民族历史档案数据库的内容可划分为以下几类：

1. 人物类。将不同民族的代表性人物，如中华人民共和国成立后的第一个大学生、第一个县处级干部、第一个厅局级干部、第一个省部级干部、民族土司头人、民族文化掌握者或传承人等，按实用的著录内容录入数据库，作为一个少数民族人物分库。

2. 照片类。将少数民族历史档案中的照片档案数字化，并编制完成相应元素（如时间、场景说明、人物说明、拍摄者等）后将目录及照片导入数据库，供查阅利用。

3. 音频类。将采集、征集到的音频资料，通过整理、编辑、听打、制作目录及说明后，将目录及音频资料（含听打文字）导入数据库。

4. 视频类。将采集、征集到的视频资料，通过整理、编辑、

制作目录及说明后，将目录及视频资料导入数据库。

5. 档案类。将征集到的少数民族档案，如文字材料、手稿、谱牒、证书、图籍等，扫描并著录后，导入数据库。

6. 过程档案。将少数民族历史档案征集、采集过程中产生的过程档案，如访谈计划、访谈提纲、事件或受访者背景资料、访谈听打稿、报纸杂志和广播电视的相关报道、受访人对文字转录稿的意见、受访人授权协议书、访谈时间地点等文字说明、现场笔记、访谈工作总结等，经数字化后导入数据库，作为历史档案的重要内容，供后人查阅利用。

自 2010 年云南省档案局（馆）开展少数民族口述历史档案抢救保护试点工作以来，经过 6 年艰苦不懈的努力，现已完成了 15 个云南特有少数民族历史档案数据库的建设任务，不仅取得了预期的阶段性成果，而且积累了相关的工作经验。这些数据库不仅包含有大量原始文字资料和图书典籍，而且还有各种民族服饰、乐器等实物，以及通过拍照和录音、录像等方式征集到的照片和音像视频资料。

以下简要介绍其中 5 个少数民族档案数据库的具体内容：

阿昌族档案数据库

主要内容有：（1）名人档案。有阿昌族代表人物 29 人的档案材料 234 份，包括阿昌族第一个地厅级干部穆光荣、第一个大学生赵安镒、第十届全国人大代表、第十一届云南省人大代表曹明强、云南省三八红旗手曹春叶、非遗传承人、户撒刀王项老赛等提供的个人档案（个人档案登记表、学习笔记、毕业证书、毕业纪念照、全国人大代表当选证书等）。（2）文书档案。包括从 1958—2011 年的文书档案 214 件，时间跨度长达 53 年。主要内容有社会经济调查报告、外迁移民安置、扶贫开发项目建设、人口较少民族发展规划、民族概述、民族习俗等。最早的一件是1958年的《户撒乡阿昌族社会经济调查报告》，最晚的是2011年的《龙山镇特困群体和贫困村寨调研报告》《阿昌族生活习性、祭祀以及音乐探源》等。（3）照片档案551张。真实反映了自20世纪80年代以来阿昌族生产生活、民风习俗、社会发展情况，有各级领导到阿昌族聚居区视察、调研的照片，重要事件或重大活动的照片，阿昌族日常生产生活的照片。（4）音像制品档案88份。主要内容为《云南德宏阿昌族非物质文化遗产系列全集》（1—32）、云南省民族学会阿昌族研究会制作的《阿昌族的节日》《阿昌族资料：民间丧葬习俗纪录片（杨明恒丧葬纪录片）》、阿昌族民间婚庆活动录像资料、阿昌族原生态音乐。（5）口述历史档案。共采集6位受访者的口述历史访谈。包括阿昌族第一个地厅级、县处级干部穆光荣、德宏州阿昌族第一个大学生赵安镒、户撒刀王项老赛、锻刀传承人李德永、文化传承人曹明宽。（6）实物档案18件。包括阿昌族男女全套的传统服饰以及各种不同类型的户撒阿昌刀等。（7）图书资料28本。主要内容有阿昌族民族调查、神话传说、民间故事、阿昌族文化史、文化大观、文化论集、书法绘画作品等。如1963年中国科学院民研所、云南少数民族社会历史调查组的《阿昌族简史简志合编（初稿）》、1982年陇川县文化馆的《阿昌族民间故事（陇川少数民族民间文学资料第一辑）》、1982年云南省编委会的《阿昌族社会历史调查》（民族问题五种丛书）、曹克强的《阿昌族文化论集》以及《阿昌之魂》《梁河阿昌族今昔》等。

布朗族档案数据库

主要内容有：（1）名人档案。保存有25位布朗族代表人物提供的434份文件材料，具体人物为：布朗族第一个处级、厅级干部岩香坎，第一个布朗族大学生岩勐，第十七届全国人大代表李凤梅、全国政协委员王章平、玉帕新，双江县文联副主席、作家陶玉明，布朗族弹唱代表性传承人岩瓦洛、玉喃砍等。(2) 文书档案414件。分别以保山、普洱、西双版纳、临沧四个布朗族聚居区进行划分整理，起止时间为1963—2010年。主要内容有反映民族扶持综合开发政策的实施、布朗族社会历史调查、布朗族生态博物馆简介、新农村建设、民族教育研究、医疗、民俗、宗教、婚恋等。(3) 照片档案1185张。保存有各级国家领导人在布朗山乡调研工作的照片，如时任云南省常务副省长秦光荣在茶山调研的照片，还有反映布朗族饮食习惯、民风民俗、生产劳动、重大节庆、重要事件的纪实性照片，如布朗族传统建筑和祭祖活动的照片。(4) 音像制品档案68份。主要内容有西双版纳州、普洱市澜沧县、保山市施甸县布朗族的传统文化传承、非物质文化遗产申报、扶持人口较少民族发展等方面。(5) 实物档案23件。包括具有代表性的布朗族的传统男女服饰和布朗族特有的各种乐器。(6) 图书资料25本。内容有布朗族的民族概况和发展状况，如《西双版纳文史资料（第十九辑）》《西双版纳发展论坛》《布朗族研究》《布朗族——勐海布朗山乡新曼峨村》《蜕变雨林中的克木人（勐腊县扶持克木人发展项目影像志）》等。(7) 口述历史。共采集8位受访者的口述访谈记录。如布朗族第一个处级、厅级干部岩香坎，布朗族第一个大学生岩勐，布朗山第一位乡长岩温南，布朗族末代头人苏里亚、布朗族王子苏国文，布朗族文化传承人康朗丙。

独龙族档案数据库

主要内容有：(1) 文书档案338份。起止时间为1956—

2012年，除了反映独龙族的社会经济发展状况外，还有反映独龙族妇女特有的纹面习俗、独龙族基督教信仰、独龙族遗传基因研究等方面。主要内容有：独龙族社会经济文化变迁、实施扶贫规划项目、沪滇合作帮扶、田野考察、社会调查、农耕文化及生态保护、文面习俗、基督教信仰、独龙族基因遗传研究等。（2）照片档案357份。保存了省级领导与独龙族人民的合影，各级领导到独龙江调研的照片，还有自20世纪50年代起，独龙族在总结、祭祀活动及生产、生活中形成的图片。（3）音像制品档案25份。保存有《贡山独龙族怒族自治县——全国"兴边富民行动重点县"建设项目实施意见》《独龙族腊卡的歌声》《李纪恒到独龙江调研》《独龙族祭祀活动影视资料》《中国记者探秘独龙江采访活动》等，反映了独龙族的基本情况、文化、宗教活动。（4）实物档案5件。主要是独龙族的全套男女传统服饰和独龙毯。（5）图书资料23本。主要是关于独龙族发展历史的书籍，如1963年的《云南省独龙族历史资料汇编（2）》《云南省怒江独龙族社会调查（调查资料之七）（6）》，1981年的《独龙族社会历史调查（一）》，1984年的《独龙族社会历史调查（二）》，1988年的《云南省贡山独龙族怒族自治县地名志》《云南省贡山独龙族怒族自治县组织史资料》《独龙族夜话——独龙族民间故事集》等。（6）口述历史。共采集3位受访者的口述历史记录。分别是独龙族第一个处级、厅级干部孔志清，独龙族第一个大学生齐建仁，独龙族文化传承人江良。

怒族档案数据库

主要内容有：（1）名人档案。只收录了1位怒族名人的63件档案，他就是荣获"云南省优秀乡村医生"称号的著名怒族

"索道医生"邓前堆,是怒族人民的榜样和骄傲。(2)文书档案22份。起止时间为1992—2012年。内容包括:怒江州福贡县民委2006—2009年工作总结,实施扶持人口较少民族发展工作总结,福贡县民宗局创建"民族团结示范村"工作总结,扶持人口较少民族发展工作情况,民族专项资金建设情况,民族宗教工作回顾以及新时期工作要点等公文,此外还有一部分反映怒族社会研究的文书。(3)照片档案73张。反映了怒族的生产生活用具、乐器、石月亮、教堂、新农村建设情况以及怒族男女服饰等方面。(4)音像制品档案14份。以匹河怒族达比亚弹跳各种不同形式舞蹈的视频为主,如背杉板舞、鸡创食舞、阿怒邓、哦得得、挖山菜舞、挖竹叶菜舞、琵琶舞、生产舞、洗麻舞、摇篮舞等,还有怒族妇女织麻布、怒族人家的一天、怒族歌曲等音像视频。(5)实物档案7件。主要是怒族男女的传统服饰和怒族的传统乐器,如达比亚、笛子、口弦等以及弓弩(含弩包)。(6)图书资料21本。主要是关于怒族历史文化和发展情况的书籍,如《福贡年鉴》《怒族文学简史》《怒族简史简志合编》《千里怒江第一湾——怒族》《怒族历史与文化》《复苏了的神话》《怒族神歌》《婚礼歌》《甲怒良苏怒语》《怒族——贡山丙中洛乡查腊社》等。(7)口述历史。共采集口述访谈对象2人。有怒族第一位厅级干部李政才、怒族第一位处级干部彭恩得。

白族档案数据库

主要内容有:(1)文书档案36份。起止时间为1956—2013年。内容包括:白族社会经济文化变迁、自治区建设、海门口文化遗址、民族风俗、特色产业发展情况等。其中有1956年国务院《关于设置云南省大理白族自治州巍山彝族自治县永建回族自治区和撤销巍山县的决定》、大理州人大常委会办公室关于《制定实施洱海管理条例 加强洱海资源的保护和利用》、大理市人民政府办公室关于《洱海保护区"禁磷"专项整治意见的通知》、白族文化研究的《剑川海门口新石器时代遗址》《白族吹吹腔》等。（2）图书235本。保存有清代佟镇著《康熙鹤庆府志》（复印本）、《大理丛书》100卷、《开辟鹤庆掷珠计》、《剑川民族文化丛书》、剑川地方史料、《洱源文史资料》《蒙化志稿》（1—4册）、赵应宝《宾川文史资料》、云南南诏研究中心《南诏史论》、《兰坪文史资料》《拉玛人简史》等。（3）照片档案1901张。起止时间为1985—2014年。保存大量反映白族不同时期的重大活动、生产生活、风俗习惯、民居建筑、婚丧嫁娶、宗教信仰、民间乐器、生活劳动工具等各方面内容的照片。包括大理白族节庆"绕三灵"、接本主、舞龙、吹吹腔、刺绣、婚嫁、石宝山歌会等。20世纪50年代的生产工具、焚烧鸦片、鹤庆土改等。20世纪80年代大理古城风貌、云龙民居、剑川古城、古民居、早期扎染、宾川葡萄种植、诺邓火腿制作、农户熬盐等，以及拉玛人捕鱼用具、祭祀活动等照片档案。（4）音像档案88份。保存有《云南省少数民族特色村寨保护与发展系列片——金翅鹤白族村》、白族非物质文化遗产《剑川国家级非遗白曲、木雕、歌会节》《云龙县"非遗"保护录像档案资料》《凤羽白族民居》，白剧《望夫云》《白洁圣妃》，白族特色饮食《雕梅、乳扇制作》，拉玛人《民歌开益》等音像档案。（5）实物档案27件。包括白族银制品、剑川精品木雕、乐器、民国初年旧式喜鞍、白族男女服饰、白族支系拉玛人傩戏面具等实物档案。（6）名人档案24人（共438件）。保存有不同载体的白族代表性人物24人的个人档案。包括中华人民共和国成立后白族第一批厅级干部欧根、张子斋、赵鑫象的干部任免表及其照片、信函、回忆录等。其中有1960年欧根与陈毅、郭沫若的合影。鹤庆县第一个处级干部张贡新任职布告、云龙县第一个白族大学生杨谨福就读于云南大学的1952年学生名册。此外还包括白族历史名人马曜、国家级非物质文化遗产传承人寸发标、残疾人运动员李春梅、舞蹈艺术家杨丽萍等的个人简介、证书、书籍、相关照片等。

(7) 口述历史21人。共采集口述访谈21人，形成口述历史访谈照片63张。包括非遗传承人、白族著名专家学者、白族著名油画家、白族支系拉玛人等。

2002年由国家文化部和财政部共同发起了一项由政府投入的全国性文化惠民工程——文化信息资源共享工程（以下简称"文化共享工程"）。云南省抓住这一有利时机，投入大量人力、物力来积极推进此项工作在全省范围内的落实和开展，目前已接收和下载国家管理中心数据资源14TB，自建地方特色资源5TB，极大地丰富了数据资源。信息资源建设一直是共享工程建设的重点，公共文化发展中心每年都给予云南大力的支持，2009年投入200多万元，而后逐年增加，2014年达到了550万元。云南文化共享工程本着共建和自建的原则，通过不懈的努力，目前已创建了"15个云南独有少数民族多媒体资源库""云南普洱茶""云南玉文化""云南农业科技视频资源库"等十多个特色资源库，同时拍摄了多个主题的系列专题片，多个项目获国家公共文化发展中心表彰。目前"15个云南独有少数民族多媒体资源库"已完成验收工作。下一步的档案资源建设将以"三结合"为原则，把着力点放在服务边疆、服务大局、服务民生上，把云南的25个少数民族特色作为重点资源建设，系统地整合具有云南地方特色的数字资源,借文化共享工程这个覆盖面极大的平台把云南推出去,让全国和世界了解云南,助推云南的"三个定位"和"三个发展"[①]。

第三节 途径

一 科学选题、打造品牌

充分运用档案记载、记录、记忆的基本内涵和传递、传世、传承的基本功能,充分发挥档案真实、公正、客观、权威、可靠的独特优势,紧密围绕建设社会主义文化强国这一宏伟目标,紧密结合在新形势下实现云南科学发展、和谐发展、跨越发展、可持续发展和建设云南民族文化强省的战略目标,谋划档案文化的发展战略,瞄准党和政府的中心工作和社会热点,科学选题,开发各级民族宗教部门研究制定民族宗教政策措施急需的信息参考,汇编各族人民群众急需的政策法规性文件和民生档案材料。

当下我国各级公共档案馆的同质化现象很严重,僵化、死板、固化的思维定式和工作模式肯定无法形成特色,更谈不上品牌的推广。边疆民族地区档案馆文化品牌的塑造需要充分考虑社会利用需求,充分考虑本馆客观实际,充分考虑民族特色和地域特点,围绕物质和非物质文化遗产、民族民间传统文化、历史文化名城(名乡、名镇、名村)、特色支柱产业、少数民族濒危语言文字等,编辑具有地方民族特色、体现馆藏资源特点

---

① 唐毕文:《对云南文化信息资源共享工程创新与发展的思考》,《云南图书馆》2014年第4期。

的具有"独家看点""人无我有"的文化产品，集中展现一个民族、一个地方的文化特色，形成品牌优势。

二 加强编研、开发产品

充分利用馆藏信息资源、挖掘档案史料，安排熟悉地方历史文化、文字功底深厚的人员从事档案编研工作，编辑出版档案文献书籍。

档案编研工作在我国历史悠久，中国的档案史料编纂活动，以先秦为开宗立范之始，可以追溯到孔子编纂"六经"，甚至有可能更早。历代先贤们也论述过不少相关学说，皆是中国档案史上的珍贵文化遗产。从先贤们编纂的卷帙浩繁的档案史料汇编中，可以看出古代史家们高尚的史德、精邃的识见与严谨的治学作风，因而他们的编纂成果及史籍书册有很高的学术价值和社会价值，是全人类宝贵的精神财富，这已经成为古今中外一种文化现象和学术传统。直到今天，编研仍然是档案馆（室）传统的文化职能和较高层次的学术性、研究性工作，是档案资源开发能力的主要体现。在现当代档案资源开发利用中，编研这项古老的实践活动不仅不会过时，反而会在新的历史条件下焕发出蓬勃的生机和活力，应当得到我们充分的重视与研究，继承我国档案文献编纂的优良传统和经验，并结合现代信息技术创新编研方式，使这项古老的档案文化工作在新的条件下发挥更大的作用。

自20世纪90年代以来，档案史料编纂工作的范围扩大到多元文本、民族文献和外文档案上，经过20余年的努力，已取得令人瞩目的成就。在少数民族档案史料的抢救、整理、翻译、出版方面也是硕果累累，成绩喜人，仅云南省就出版发行了

《云南民族古籍丛书》《大理丛书》《纳西东巴古籍译注全集》《中国贝叶经全集》《彝族毕摩经典译注》《云南民族口传与非物质文化遗产总目提要》《哈尼族口传文化译注全集》《红河彝族文化遗产古籍典藏》《云南少数民族古籍珍本集成》《话说红河》《口述民族史》《云南纪录影像口述史》《中国民族志电影先行者口述史》等一大批精品力作。其中既有民族古籍、宗教经典的编译成果,又有史料文献、档案文件的编纂成果;既有口传文化、口述历史的编研成果,又有声像遗产、非遗档案的编研成果。

各级档案部门要按照《云南省档案事业发展"十三五"规划》制定的主要指标,明确档案文化产品开发利用的目标任务,认真落实各项任务,有序推进档案利用服务工作,延续和保存好地方历史记忆,使档案工作水平更上一层楼,充分实现档案工作者的重要价值。注重开发高质量的档案文化产品,不断丰富档案文化的内涵,彰显档案文化的特色,发挥档案文化的宣传教育作用,提升档案文化产品的服务功能,实现档案文化产品的社会价值和综合效益。

档案文化产品的开发必须转变观念,改进作风,即改变传统的思维模式和工作方式,走出封闭的"深宅大院",走进学校、社区、农村、厂矿、军营,大力开展档案文化展览和档案宣传教育活动,力求多层次、多角度、全方位地呈现云南少数民族的社会历史发展进程,真实地再现云南少数民族原始社会、奴隶制度、封建社会以及近代半封建半殖民地社会并存共生的历史状况,客观地展示中华人民共和国成立后特别是改革开放以来边疆民族地区经济社会发展的沧桑巨变,生动地反映云南各少数民族悠久的历史渊源、丰富的文化形态、密切的交往关系，更全面深入地反映云南历史及云南与周边国家的关系史，努力彰显云南璀璨多姿的民族文化魅力，大力弘扬和传承各民族的优秀传统文化。

1982年，北影厂根据傣族著名叙事长诗《召树屯》改编拍摄成电影《孔雀公主》。近年来开发的大型舞蹈诗画——《丽水金沙》在舞蹈设计、编排过程中就参考了东巴舞谱。

在信息化时代，少数民族档案文化产品的开发也呈现出许多新的特点和趋势，呈现出传统模式与新兴模式并存的局面。有专家指出："电子档案是否能融入大众视野，参与大众生活，实现档案文化价值，将成为档案文化产品开发的重点。"[1] 并提出了开发档案文化产品的两种途径：一是与传统模式相结合创新档案文化产品开发，如图书、报刊、展览、电视纪录片或专题纪录片；二是利用新兴模式开发新型档案文化产品，如网络视频、博客、播客、微博、微信、微电影、手机媒体或移动网络媒体等。云南少数民族档案开发利用也应综合运用这些模式，积极参与边疆民族文化建设。

三 引智借脑、横向联合、内外结合

档案部门要适应新时代党的民族工作的要求，改变固有的因循守旧、闭关自守的思维定式，积极主动地走出去，充分运用民族档案及民族档案文化特有的元素和魅力，充分利用其他部门的专业人员和技术力量，加强与高校、研究院所、专家学者等方面的合作，共同探讨与研究，吸纳各方面智力资源，吸引、借助社会力量共同参与，搞合作编研与开发，在发挥档案

---

[1] 颜野：《电子档案背景下开发档案文化产品策略》，《云南档案》2014年第1期。

凭证、参考作用的同时，进一步深化档案的增值服务。

云南大学图书情报与档案管理学科点在横向联合上下功夫，借助召开"首届全国民族档案学术研讨会"、出版发行《民族档案学研究文集》与轮流举办"民族档案学术主题年会"等形式，构建民族档案研究的学术共同体，在全国范围内促进民族档案学研究的蓬勃发展。目前已联合广西民族大学、贵州师范学院、辽宁大学、西藏民族大学四所高校与云南大学共同组建"民族档案学术协作网"，该协作网以"加强联系与沟通、促进交流与合作、推动创新与发展"为理念，以促进学术研究、促成合作共赢、提高研究水平、提升学科质量为目标，以学术会议和移动媒介为基础，努力为广大学者搭建一个相互学习、互通有无、彼此协作、展示成果、百家争鸣的平台，为高校间、地区间、学者间的学术合作牵线搭桥；该协作网将致力于创造开放、多元、互动的协作环境与协作方式，注重实效和学术水平，尽可能为新生代提供各种学术服务，及时发布最新学术信息及研究动态，收集、整合学术资源以供学界共享。

知识服务已成为当前参考咨询服务的主流，参考咨询员不是全能型通才，因此必须建立涉及各个领域的专家、学者、政府信息中心、科研机构、社会团体在内的档案信息咨询共享和分析平台，建立协同的参考咨询体系，实现参考咨询的协同服务。

即在开展少数民族档案开发利用工作中：业内，实行上下合力；业外，采取多方合作。如省档案局（馆）借助云南大学历史与档案学院档案与信息管理系的智力资源，共同完成了2014年度国家档案局科技计划项目"少数民族口述历史采集和整理方法"并通过了国家档案局专家组的结项评审鉴定。该项目还荣获2016年度国家档案局优秀科技成果奖三等奖。省档案局（馆）还与云南省民族学会达成初步合作意向，双方共同编辑出版《云南民族文化丛书》，省民族学会及各民族研究会积极配合、协助省档案局完成少数民族档案资源建设工作，向省档案局（馆）提供少数民族档案资料收（征）集线索及口述历史人物线索，充分发挥自身在民族研究、熟悉民族有关情况等方面的优势，并动员各民族有代表性的人物向省档案局（馆）捐赠档案，或有价征购名人档案，或有偿转让有保存价值的档案，省档案局（馆）按程序向省民族学会提供少数民族有关档案资料的查询，共同探索如何加强少数民族档案资源开发利用工作。

以社会、市场和用户需求为导向，在边疆多民族档案资源开发利用中做到"三结合"。一是把档案编研与民族问题研究、民族文化的繁荣发展、边疆地区的稳定和谐有机结合起来，深入实施民族档案精品建设项目和民族档案文化品牌战略，积极参与"千里边疆文化长廊""边疆万里数字化文化长廊""'一带一路'民族文化大数据"建设工程，倾力打造云南少数民族档案、茶文化档案品牌，为助力云南省建成民族团结进步示范区和面向南亚、东南亚辐射中心服务。二是把民族档案资源开发与文化创意、旅游休闲等产业发展有机结合起来，促进民族档案文化创作、创意、创新、创业的高度融合，努力推进民族档案文化的发展繁荣。三是把档案开发利用与档案信息化建设紧密结合起来，构建全方位、多功能的网络服务体系和网上展示平台，发挥传统媒体与新媒体融合的优势和特点，体现档案利用服务的民族性、群众性、文化性、开放性、观赏性。

四 扩大宣传、开展教育、举办活动

在新形势下需要对档案社会化的服务功能进行创新，加强合作，分析用户需求，加强对编研成果的宣传，即多角度、全方位地加大对民族档案工作的宣传力度，发掘出更多特色民族文化档案资源，营造良好的利用服务环境，让更多的人走进档案、了解档案、认识档案。因地制宜，运用新媒体宣传档案工作，把新兴媒体作为档案文化产品传播的重要平台，多途径加强档案文化宣传和档案文化意识普及，使档案文化真正走进公众视野，使档案文化价值得以体现。通过不断创新宣传思路，构建全媒体、立体式、全方位宣传体系，提高宣传活动的认知度和参与度，打造和建设微信"虚拟档案馆""指尖上的档案馆"。

如云南大学历史与档案学院档案与信息管理系加大民族档案学的宣传力度，不仅鼓励和动员师生向《山西档案》《兰台世界》《云南档案》等档案专业刊物积极写稿投稿，而且主办"全国首届民族档案学术研讨会"（会议主题为：档案与少数民族社会记忆），积极参加学术会议，如在云南玉溪师范学院召开的"第四届中国云南濒危语言遗产保护国际学术研讨会"，提交参会论文《濒危语言档案开发利用的现状及对策》并作分组发言，参加在广州暨南大学召开的"少数民族濒危语言数字资源博物馆建设暨城镇化民族社区语言与教育服务研讨会"并作专题发言。

该系还创办了"民族档案学微刊""云大情报与档案"两个微信公众号，其中"民族档案学微刊"依托该系民族档案研究所的科研实力和优势，力图打造一个推介该系以及国内外关于少数民族档案（含文献、古籍等文化遗产类）领域研究成果与科研工作的平台，旨在助推民族档案学理论研究与学科化建设。"民族档案学微刊"分为"关于微刊""学术研究""活动集锦"三大板块，内容丰富多彩，主要包括"民族档案学研究""论著集要""重点文章推介""教师佳作""学坛新秀""档案学学者""民族与地方特色专题"等栏目，其中"民族档案学研究"截至 2018 年 8 月 30 日已编出 60 期，第十四期的主题为"少数民族档案的开发与利用"，共推出 3 篇文章：汤建容的《少数民族历史人物档案文献的整理与开发利用——以巴蔓子为例》，虎娇玫的《制定〈少数民族档案著录细则〉的必要性和具体思路探析》，孙丽娜的硕士学位论文《云南省佤族口述档案开发利用研究》；"云大情报与档案"分为本科园地、研究生家、系情介绍 3 个板块，内容涵盖图书馆、情报与文献学一级学科，主要包括"档案管理理论与实践小报""档案保护技术学小报""电子文件管理研究小报""图书馆学研究小报""情报学理论与应用小报""名师讲坛""学术沙龙"等栏目。"云大情报与档案"在全国档案微信公众号 2016 年度排行榜（TOP100）中名列第 62 位。

  普洱市档案局也创办了"普洱档案"微信公众号，该平台于 2015 年 7 月 24 日注册、9 月试运行、10 月正式运行，通过普洱市县（区）档案工作人员的努力，形成了新的档案工作宣传模式，积极开辟网上展厅、档案业务、档案资讯等板块，把《中国抗战电影海报展》《中国文献档案遗产展》《普洱市历史文化展》等精品档案文化在微信公众平台上展出，获得了好评。"普洱档案"在 2016 年度全国档案微信公众号排行榜中名列第 67 位。

微信是一种为智能终端提供即时通信服务的免费应用程序，支持跨通信运营商、跨操作系统平台通过网络快速发送语音短信、视频、图片和文字信息。档案微信公众号的主要业务是进行档案信息的推送，其中包括传播档案信息和档案文化、开阔专业视野、推进学术交流。

微信公众号是我国自媒体中所占分量较大的平台。作为一种新兴媒体，它与传统的宣传方式有很大不同，表现出一系列有别于传统媒体的新特点，比如内容上的微叙事、形式上的多样性、结构上的碎片化、表达上的灵活性等。相对于传统方式的优势就在于可以采用图片、视频、网站链接、语音等方式实现更全面、更多元、更立体的宣传，所以高校在传播档案文化、档案部门在宣传档案工作时应该转换思维方式，充分运用微信公众号特有的功能，真正发挥其优势，将微信公众号碎片化的叙述方式与系统长篇的传统叙述方式结合起来，在进行档案知识的宣传中可以采用碎片化的叙述方式，短小精炼的档案知识可能会起到更好的宣传效果。就宣传功能来说，档案部门应该选择订阅号作为自己的公众号形式。微信公众号都有自己的名称和图标，为了增强公众对档案部门的印象，各档案部门应该设计好自己的图标。

昭通市档案局馆多途径、多渠道开展档案宣传工作，取得了显著成效。一是建立昭通档案信息网站，充分发挥网络传播速度快、覆盖面广、影响力大的优势，有力地宣传昭通档案工作；二是重视与电台、电视台、报社、史志办、信息产业办、电子政务中心、市直有关单位的协调合作，充分借助外部媒体，主动提供稿件和新闻线索，让昭通档案工作在电视上有画面、电台里有声音、报刊上有文字、网络上有内容，构建全方位的档案工作立体宣传网络；三是积极向《中国档案报》《云南档案》《昭通日报》等媒体及市委、市政府信息部门投稿；四是编辑了《昭通市档案利用效益事例汇编》《兰台群英谱》等230万字的资料，发送给各级领导和社会有关方面；五是多措并举搞好宣传工作。如评优树先促宣传、法制建设保宣传、功能拓展带宣传、形式多样强宣传、社会支持助宣传。[①]

在开展档案宣传工作的同时，还通过开展档案文化教育和档案休闲活动、参观档案工作和档案馆库、举办档案记忆展或专题史料展、出版档案通俗读物、拍摄电视专题片等灵活多样的形式，经常性地在各族人民群众中开展民族认同教育、民族文化教育、乡土知识教育、省情国情教育、爱国主义教育，不断提高各族人民的思想道德水平，丰富云南民族文化的内涵，推动边疆民族文化的繁荣和发展。

在我国公共档案馆的"五位一体"功能定位中，"爱国主义教育的重要基地"是其中的五大功能之一。只有进一步加强爱国主义教育基地建设，才能充分发挥好档案馆的这一重要职能。这项工作的难点是长抓不懈、持之以恒，重点是办好爱国主义教育展室。各级档案部门应结合各个地方、各个民族的重要纪念节日、重大庆祝活动、重大历史事件，充分挖掘本馆及相关部门的馆藏资源，有计划、有组织地举办档案展览和专题讲座。有力量自办的，不等、不靠、不要；无力量自办的，可以借助其他部门的资金、场地、人员，采取联合办展的方式进行。同

[①] 易正春：《春风化雨润兰台——昭通市档案宣传工作纪实》，《云南档案》2011年第2期。

时加强对外宣传工作，积极组织当地群众观展，让更多的人接受教育。玉溪市档案局馆走出深院里巷，将档案展览送到学校展出，开展爱国主义教育。昭通市档案局馆充分发挥市级爱国主义教育基地功能，专门制定了《昭通市档案局馆爱国主义教育展室方案》，建成爱国主义教育展室，以丰富的文字、图片和实物举办爱国主义教育展览，接待学生和各类人员3000多人次，全面、系统地介绍、展示、宣传了昭通经济社会及11个县区档案事业的发展状况。还建成昭通师专教学实践基地，接受师专学生到馆内实习。"普洱市档案馆爱国主义教育基地以馆藏档案为基础，充实社会各界史料，通过六大专题，用真实的图片、史料、实物浓缩普洱历史，展示普洱政治、经济、文化、科技、教育等各项事业的发展轨迹，成为宣传普洱历史与发展的重要平台。"[1]

定期或不定期举办形式多样的多元文化活动，是档案馆开展多元文化服务的支撑。档案馆除面向广大公众举办各种宣传活动外，还应该根据当地的民族特色，与各级民族宗教局、各地的民族学会（研究会）、高等院校、科研院所和图书馆、博物馆、史志办、文化部门等相关单位和机构合作，举办针对少数民族、少数群体的文化活动。

---

[1] 李存梅：《创新优质服务　彰显工作特色和亮点》，《云南档案》2014年第1期。

第 四 章

云南少数民族档案信息资源开发利用的成就和特点

云南是人类起源和远古文明的发祥地之一，有着悠久的历史和灿烂的文化，云南有25个少数民族就有25种文化，且每个民族的文化中又可分出更多的亚文化。从考古材料看，云南的多元文化从新石器时代就已出现，反映了云南古代文化的多样性。从史料上看，秦汉时代云南已有农耕和游牧两大文化类型。南诏国和大理国时期，由于汉族文化不占主导地位，使云南多元文化获得了前所未有的发展机遇。而蒙古帝国和元朝以平等的民族观、文化观对待云南少数民族及其文化，使得民族文化多样性得以延续。到了明代，汉族虽然成为主体民族，汉文化成为强势文化，但云南文化"多元共生、和谐共存"的基本态势已经形成，并未消亡。

云南特殊的地理环境为民族文化多样性的产生提供了生存空间，并孕育了众多的民族和民族文化，而云南独特的历史发展过程和多元文化背景则为少数民族档案的形成创造了必要的社会条件。这些少数民族档案也成为云南民族文化多样性、差异性的历史见证。从1949年中华人民共和国成立到1979年30

年间，我国的历史档案完全处于封闭保密状态，直到20世纪80年代后才逐步向社会开放了部分历史档案，少数民族历史档案的开放则更加滞后，这就导致了少数民族档案的开发利用工作起步较晚，没有现成的经验和做法可以借鉴，边疆民族地区的档案工作实践还处在摸索阶段。在新形势、新理念下，各级档案部门要深刻学习和领会党和国家《关于加强和改进新形势下档案工作的意见》，认真贯彻执行党和国家关于加强少数民族地区档案工作的指示精神，掌握边疆多民族档案资源开发利用的规律和特点，按照《云南省档案事业发展"十三五"规划》中提出的目标、任务和要求，坚持社会主义先进文化的发展方向，牢牢把握积极主动服务这个主题，以档案信息资源开发利用为核心，以弘扬和传播独特深厚的民族档案文化为己任，不断拓展档案资源开发的深度和广度，建立灵活多样、协同合作的档案开发利用机制，形成特色鲜明、内涵丰富的档案文化产品体系，更好地发挥档案"存凭、留史、资政、育人"的作用，为富民兴滇和构建社会主义和谐文化做出应有的贡献。

第一节　开发利用的成就

改革开放以来，云南少数民族档案信息资源开发利用实现了跨越式发展，呈现出开放性、社会化、现代化、信息化的特点，取得的成就可以用"前所未有"来形容。为了更好地总结、分析和展示这些现状及成就，笔者选择了8个有代表性和典型意义的开发利用案例进行实证研究，具体分析如下：

一 石林阿诗玛档案资料的开发利用享誉海内外

阿诗玛文化与阿诗玛原始资料、影像资料的开发利用享誉海内外。

《阿诗玛》从民间发现、文艺加工到拍成电影引起全国轰动的整个过程都与文化界有着密切关系。

《阿诗玛》的收集整理始于中华人民共和国成立时。1950年，杨放在《诗歌与散文》上发表了他收集整理的《阿诗玛》片段。1953年，朱德普在《西南文艺》上刊登了他整理加工的长达300行的《阿诗玛》。随后，"云南省人民文工团圭山工作组"的文学工作者们深入路南县（现石林县）圭山地区近3个月，对民间口头流传的"阿诗玛"进行实地采访和材料收集，他们夜以继日、不辞辛劳，共挖掘到原始资料20余份、民间故事38个、民歌300多首。依据这些材料，黄铁、杨志勇、刘绮、公刘初步整理出撒尼民间叙事长诗《阿诗玛》，即阿诗玛故事的雏形，并于1954年出版。但随着时间的推移，此书也暴露出许多缺憾和不足。1959年，云南省委宣传部委托时任云南大学校长的著名作家李广田重新整理《阿诗玛》，对阿诗玛故事进行进一步的艺术加工。李先生对照20余份《阿诗玛》异文，逐字逐句认真阅读，条分缕析，反复推敲；对于撒尼诗的原句，字斟句酌，一丝不苟。经过半年的整理，对原整理本修改达250余处，诗句扩展到1800余行，并撰写了一篇长达1.2万字的序言，作为向国庆10周年的献礼。重新整理的《阿诗玛》于1960年出版，此书被评为中国民族民间文学整理工作的一个范本和样板。李广田还与上海电影制片厂导演刘琼、作曲家葛炎一起创作了剧本，1964年，名动天下的音乐电影《阿诗玛》上映。"文化大革命"期间，《阿诗玛》被当作"大毒草"批判，收集整理一度中断。改革开放后，相继出版了马学良、金国库等翻译的四行体译本《阿诗玛》，彝、汉、英、日文对照本《阿诗玛》等。2002年12月云南民族出版社出版了赵德光主编的"阿诗玛文化丛书"，此书包括《阿诗玛研究论文集》《阿诗玛原始资料汇编》《阿诗玛文献汇编》3种。其中的《阿诗玛原始资料汇编》由李缵绪选编，全书分为4个部分：第一部分收入《阿诗玛》古彝文翻译稿8种；第二部分收入《阿诗玛》汉文口头记录稿18种；第三部分收入《阿诗玛》故事、传说7种；第四部分收入《阿诗玛》音乐记录稿9种，其中音乐简介2种。共计收录42种（篇）。在学术研究方面，黄建明著的《阿诗玛论析》（云南民族出版社2004年版）一书包括了《阿诗玛》文化背景论、《阿诗玛》的人物论、《阿诗玛》的叙事方式论、《阿诗玛》的艺术手法论、《阿诗玛》的修辞手法论等内容，在彝文典籍文本的个案研究方面进行了比较深入的尝试，为今后重要民族典籍的个案研究起到了示范作用。

今天，《阿诗玛》作为彝族撒尼人的文化象征，早已享誉海内外，但我们不能忘却这些为收集、整理、研究《阿诗玛》而付出心血的前辈们。由这群文化界人士所发掘、创造的阿诗玛，已经成为云南彝族文化的代表，成为云南石林旅游产业的天然品牌和商标，其社会经济价值、旅游文化价值难以估量。

二 曲靖爨氏石刻档案的开发利用发现了新史料

爨氏石刻档案的研究和发掘利用为爨文化研究提供了新史料。

三国两晋时期，在南中各民族文化发展演化的过程中，爨文化兴起，成为云南古代少数民族文化史上的三大高峰（另外两座高峰是古滇国青铜文化、南诏大理国文化）之一，包括自魏晋南北朝至隋唐 400 余年的爨氏治滇东期间南中各民族群体创造的各种文化现象，如衣食住行、宗教信仰、巫术禁忌、道德规范、生产结构等。

爨文化的创造者——爨人，不是一个单一的民族，而是由以爨氏家族为代表的迁徙南中的汉人、古滇国时期的滇人，即史籍中记载的"劳浸、靡莫之属"为主构成，此外还有叟、昆明、僰等其他古老族群融合其中。这些不同群体，在新的组合中，虽获得了一个共同的称谓"爨人"，但仍然保持着自己的某些原有特征，使得今天我们所说的爨文化，明显呈现出一种复合多元、开放交融的状态。① 其中的碑铭文化是以爨碑为主体的一种档案文化。由于爨氏家族本身已不再是单纯的汉人，而是多民族的混合体，因此爨氏石刻档案也可视为一种少数民族形成的石刻档案。

从爨氏石刻档案来看，迄今已发现的数量较少，按其重要性和形制大致可分为大小爨碑、碑铭、墓志以及壁画石刻等，其中大小爨碑是指陆良发现的《爨龙颜碑》和曲靖出土的《爨宝子碑》，合称"二爨碑"。在爨文化的所有遗存中，最有代表性的就是大、小"爨碑"，被公认为"南碑瑰宝"。从某种意义上说，大、小"爨碑"的存在并被发现和推崇，正是爨文化得以被命名的直接原因之一。有人据此还想创立一门"爨学"，仅此一点，便可看出"二爨碑"在整个爨文化中占据的地位。

---

① 和亚宁：《云南古老爨文化：开启南诏、大理文化先河》，《凤凰国学》2015 年 11 月 25 日，guoxue.ifeng.com/a/20151125/46384011_0.shtml，2017 年 6 月 14 日。

现存的"小爨碑"即《爨宝子碑》，清代乾隆四十三年（1779）出土于曲靖县城南扬旗田，现保存在曲靖市第一中学校内。碑为长方形，高1.90米、宽0.71米、厚0.21米，碑额题为"晋故振威将军建宁太守爨府君之墓"。碑文13行，行30字，后列职官题名13行。全碑共计388字，字迹基本清楚。此碑立于东晋大亨四年（应为义熙元年，405年），碑文先略叙墓主爨宝子的经历、修养和治绩，然后系以铭辞。由于爨宝子早逝，碑文所记事迹不多，大部分属于所谓"谀墓之辞"，因此叙事少而铭辞多，但仍为研究爨氏大姓以至整个南中的历史提供了宝贵资料。碑文文体是骈散结合，以骈为主，书法是从汉隶向楷书过渡的典型，字体在隶、楷之间。

"大爨碑"即《爨龙颜碑》，碑高3.38米、上端宽1.35米、下端宽1.46米、厚0.25米。碑额的形制很特别，呈半圆形，上部有浮雕青龙、白虎和朱雀，中间刻有碑题"宋故龙骧将军护镇蛮校尉宁州刺史邛都县侯爨使君之碑"，下部左右刻日、月，日中三足鸟，月中蟾蜍。碑文24行，行45字，共904字，现存于陆良县城东南的薛官堡村斗阁寺内。此碑立于南朝刘宋孝武帝大明二年（458），碑文记载了爨氏的世系渊源及历代迁徙过程、入滇始末、碑主爨龙颜一生的经历、政绩和事迹等史书未载之秘，碑阴是职官题名。此碑对爨氏历史作了详细叙述，对研究爨氏政权的机构组织、礼乐制度、民族关系等均具有重大价值。其文体是骈散结合，以散为主，书法雄强茂美、质朴古拙。

"二爨碑"是爨文化的代表性文物，在中国书法史上占有重要地位，显现了中国书法从隶书到楷书演化发展的形态，所以被前人誉为"正书古石第一""神品第一"，特别是显示了东晋、南北朝时期，中国书法艺术在遥远的云南边地高度发展演化的历史进程。

其他碑铭有《爨琛碑》《益州太守碑》《祥光残碑》《毛辨碑》《爨云碑》等，其中《爨琛碑》《毛辨碑》《爨云碑》"有见于志书但碑已不存"，爨琛实为西晋爨氏政权的创建者，时任交州刺史，爨云则是北魏末年的爨氏首领，时任南宁州刺史，《爨云碑》直至清高宗乾隆年间尚在，此后不知去向。

墓志有《爨龙骧刻石》《唐南宁州都督爨子华（守忠）墓志之铭》和《爨氏墓碑志》等。

《爨龙骧刻石》中的"龙骧"是晋朝的将军名，"爨龙骧"是在晋代曾任"龙骧将军"的爨氏族人，证明了在爨宝子之前爨氏已有人做过龙骧将军，爨氏已称霸一方。此刻石仅寥寥数语，但从碑末的署名仍可查考当时的官吏设置情况。《唐南宁州都督爨子华（守忠）墓志铭》于1999年在成都市南郊铜梓村发现，是目前所发现的最重要、最完整的爨氏墓志铭。[①] 爨守忠墓志铭志文首题"大唐故节度副使开府仪同三司兼太常卿南宁一十四州都督袭南宁郡王"，记载了墓主爨守忠的生平事迹，其中涉爨氏谱系、唐代职官、政区沿革、爨氏内乱以及爨氏与唐朝和南诏的关系等内容，是研究爨氏历史以及西南民族史的重要资料。[②]《爨氏墓碑志》立于明永乐九年（1410），原碑在鹤庆县海北坪西北山麓，碑文录入《大理白族自治州碑文辑录》。此碑记述了爨氏家族史，墓主寸（爨）升"其鼻祖爨琛者，晋武

[①] 纳溪子樱：《文化交流的历史见证——专家学者纵论爨文化》，《云南日报》2001年5月15日第C3版。

[②] 郭声波、姚帅：《石刻资料与西南民族史地研究——〈唐南宁州都督爨守忠墓志〉解读》，《中南民族大学学报》2010年第6期。

帝时为兴古太守，爨氏之名始此"。从这些材料来看，文字内容只有立碑刻石的时间、墓主人名字或简要生平，文字书写也多为一般的隶书。

在画像石刻方面，目前已知的仅有昭通后海子东晋霍氏墓壁画题记和昆明官渡羊甫头晋墓壁画两种。前者铭记题字"晋故使持节都督江南交"，记载了东晋时期南中大姓之一的霍承嗣的生平及其统领部曲的相关情况，而霍家曾与爨氏平分秋色，其中涉及的内容可以为研究爨氏历史起到参照和印证作用。壁画有反映神话和宗教的题材，与汉代石刻画像，或者从某种意义上讲，与滇池区域青铜器物上的题材性质一致。后者在一墓壁上绘有三个人物形象，双手平伸微下垂，似舞蹈，发式、服饰十分清楚。①

上述碑石不仅是爨氏家族统治南中地区的重要历史见证，也是珍贵的古代石刻档案，一经发现就引起了学术界的重视，因为它们是有关南中大姓或爨氏家族的新史料。

曲靖市作为爨文化之乡，近年来在大力发展地方旅游业的同时，也注重打造爨文化品牌。2013年重建了爨宝子碑亭，并修建爨宝子碑展览馆以供各界人士参观学习。2015年6月，在省社科联组织专家评选出的十大省级社科普及示范基地中，曲靖市社科联组织申报的曲靖一中爨文化博物馆榜上有名，获得"云南省社会科学普及示范基地"称号，基地每年将获得适当的经费补助以大力推扬爨文化的发展，社科普及示范基地的建立，吸引了更多学者参与研究爨文化、传播爨文化，有力地促进了

---

① 范建华等：《爨文化史》，云南大学出版社2001年版，第295页。

基地所在地经济、社会、文化各项事业的科学发展。①省级重点文化产业项目"爨都御园"作为实施文化产业项目带动战略的成果,在2011年《中国文化产业》期刊评出的全国十大最具影响力的"文化产业区域品牌"中排名第六位,是具有地标意义的文化建筑群落和具有标杆意义的文化产业示范园区。

另外在2014年曲靖市就已经将文昌街打造成了一条爨文化特色街,老房子平整后"穿衣戴帽",店铺招牌均是爨体字,具有浓厚的地方特色。②纪录片《爨碑惊奇录》、滇剧《爨碑遗梦》使得爨乡古乐和爨体书法得以传承、推广和使用。特别是在云南大学、云南师范大学、曲靖师范大学等一批高等学府研究者的牵头之下,随着被发掘的爨氏史料逐渐丰富,以及研究者们对史料的分析解读,越来越多的爨氏谜团被揭开、历史事件被串联。从2011年开始,每年都有上千篇与爨文化相关的文章在期刊上发表。

三 大理白族档案史料的开发利用独树一帜

南诏大理文化与白族档案史料,特别是大理地方民族声像信息资源整合及非物质文化遗产名录影像资料库的开发利用独树一帜。其代表性成果有:《云南洱源白族马氏文史资料汇编》《大理白族古代碑刻和墓志选辑》《元明清碑刻契文抄》《白文〈山花碑〉译注》《大理金石录》《大理丛书·金石篇》《大理丛书·族谱篇》《大理五华楼新发现宋元碑刻选录》《大理市古

---

① 王小祥:《曲靖一中爨文化博物馆获评省社科普及基地》,《曲靖日报》2015年6月25日第1版。

② 孔德怀:《云南曲靖提升城市环境 文昌街将成爨文化特色街》,《昆明日报》2014年3月5日第1版。

碑存文录》《大理历代名碑》《鹤庆碑刻辑录》《鹤庆龙华十八寺碑刻辑录》（高金和）、《南诏大理国瓦文》（田怀清）等。

唐宋时期，云南先后建立了两个地方政权——南诏国和大理国。在唐王朝的扶持下，今大理地区的南诏出兵统一六诏，南诏主被唐朝封为"云南王"，南诏历传13王，合247年。公元937年，在南诏的疆域内又建立了大理国，宋王朝封大理王为"云南八国都王"。南诏大理国的统治使大理地区成为云南政治、经济、文化中心长达五百年之久。历史上这里既是南诏大理国的都城所在，又是古代中国对外交流三大通道——蜀身古道的枢纽，除白族外，州内世居民族众多，多种文化在此碰撞融合，民族文化的多样性十分突出。

中华人民共和国成立后，各级政府一直重视大理地方民族文献的收集、整理和开发利用工作，实施了一系列抢救保护项目。20世纪五六十年代，国务院民族事务委员会及云南省各有关单位先后在云南少数民族地区开展了一系列的民族情况调查，形成了大量的调查资料。白族社会历史调查组在大理地区的考古发掘、民间文献收集与出版方面取得了初步成果，辑录了《云南省大理白族自治州碑文辑附明清契文抄》等。1956年11月，费孝通先生率领的全国人大云南少数民族社会历史调查组在大理州进行历史文物调查时，发现了被誉为"堪与敦煌写经相媲美"的南诏大理国手写经卷。

20世纪八九十年代以来，大理州的文化部门、学术团体、研究机构、高校等纷纷开展白族档案史料的整理研究，编研成果不断涌现，不仅编辑出版了大型丛书《大理丛书》等，而且编写了数以千计的小型资料书，如《白族概览》《洱源县白剧剧目选》《洱源文史资料》《中国名镇·云南凤羽》《中国白族村落影像文化志——密食禄村》等，还根据白族档案史料编史修志，如《白剧志》《弥渡花灯志》《大理州戏剧志》《白族音乐志》（伍国栋）等。许多民族文化研究者、高校图情档专业师生也纷纷投入白族档案文献的研究中，根据白族档案史料撰写了一系列专题论文，先后发表了《白族金石档案概述》（《大理文化》1997年第5期）、《白族金石档案概论》（《思想战线》1998年第7期）、《白族古代文字档案史料研究》（《云南社会科学》1999年第5期）、《论白文档案文献的开发利用》（《档案学研究》2000年第1期）、《现存白族谱牒档案述评》（《中央民族大学学报》2000年第3期）、《白族档案史料研究》（《中央民族大学学报》2002年第2期）、《南诏大理国的文书档案》（《华夏文化》2004年第3期）、《大理白族档案史料的开发利用》（《大理民族文化研究论丛》第二辑，民族出版社2006年版）、《对白族科技档案文献研究的几点设想》（《大理学院学报》2007年第11期）、《大理白族金石历史档案的保护——从南诏德化碑"迁址"说起》（《黑龙江档案》2008年第3期）、《白族历史档案及其发掘利用》（《源于实践 服务全局——兰台工作纵横》，中国档案出版社2008年版）、《论白族民间传说故事口述档案的开发利用》（《云南档案》2009年第1期）、《珍贵的云南白族石刻历史档案及其保护对策》（《兰台世界》2009年第2期）、《白族历史档案及其发掘利用初探》（《云南档案》2009年第9期）、《新时期建立大理白族特色档案的构想》（《大理学院学报》2010年第3期）、《剑川石窟的档案显性价值形态分析》（《云南档案》2010年第6期）、《基于民族文化的白族档案研究》（《兰台世界》2011年第2期）、《民族文化视角下的白族档案样态解读》（《云南档案》2011年第3期）、

《白族大本曲的档案价值及其实现》(《云南档案》2011年第12期)、《云南大理白族绘画档案遗产研究》(《云南档案》2013年第3期)、《白族口承文艺的"物质化"保护和传承》(《兰台世界》2013年第14期)、《白族口承文艺非物质文化遗产的保护和传承》(《兰台世界》2013年第26期)、《白族石刻历史档案数字化展示刍议》(《四川图书馆学报》2014年第4期)等一批专题论文。

大理地方民族文化影像资源一枝独秀,不仅有多年积淀的影像文化传统和丰富的馆藏资源,而且有专业人士注意到了这类珍贵民族文化资源的开发利用问题。其中大理学院图书馆李新主持的2006年省教育厅项目《云南少数民族声像信息资源整合与利用研究》成果颇丰,发表了多篇专题论文,为大理白族声像档案文献的研究打下了坚实基础。已发表的相关专题论文有:(1)《大理地方民族声像信息中心的构建》(《大理学院学报》2006年第1期);(2)《中国少数民族声像资源整合与利用刍议》(《图书馆论坛》2006年第5期);(3)《大理白族声像资源建设策略之我见》(《大理文化》2007年第3期);(4)《地方民族民俗文化信息资源的声像化采集与利用》(《大理学院学报》2008年第1期);(5)《大理旅游声像资源整合与利用初探》(《云南图书馆》2008年第3期);(6)《云南少数民族声像信息资源整合利用研究》(《云南图书馆》2008年第4期);(7)《浅析地域性民族学研究中的音像资源建设》(《云南图书馆》2009年第2期);(8)《大理非物质文化遗产声像信息化建设与利用》(《大理学院学报》2009年第7期);(9)《大理非物质文化遗产名录影像资料库开发利用》(《大理学院学报》2009年第11期);(10)《浅论声像媒体技术在非物质文化遗产保护中的作用》（《云南图书馆》2011年第3期）；（11）《文化多样性与民族地区图书馆馆藏特色资源建设》（《大理学院学报》2012年第5期）；（12）《云南少数民族影视资源与高校校园特色文化建设创新研究》（《云南图书馆》2013年第3期）。

2016年李新又主持完成了云南省哲学社会科学规划一般项目《大理白族声像文献档案专题数据库建设利用研究》，发表了5篇专题论文：（1）《高校图书馆在民族地区音像遗产资源保护中的作用与实践研究》（《云南图书馆》2014年第2期）；（2）《民族地区地方文献中录音录像资料的收集与保护研究》（《云南图书馆》2014年第3期）；（3）《浅谈高校图书馆地方民族影视资源免费放映特色服务工作》（《云南图书馆》2015年第3期）；（4）《弥渡地方音像文献的收集与保护》（《云南图书馆》2015年第4期）；（5）《民族地区高校图书馆非物质文化遗产特色声像资源建设发展研究》（《云南图书馆》2016年第2期），提交了《大理白族声像文献档案专题数据库建设利用研究》研究报告。该报告分为8个部分：（1）概述；（2）大理白族声像文献档案；（3）大理白族声像文献档案资源调查；（4）大理白族声像文献档案专题数据库资源的重要组成部分——大理白族非物质文化遗产声像文献档案资源；（5）大理白族声像文献档案专题数据库声像信息化建设；（6）大理白族声像文献档案专题数据库声像信息化建设方法；（7）大理白族声像文献档案专题数据库声像信息化建利用研究；（8）大理白族声像文献档案专题数据库建设利用研究成果（包括5篇论文和《大理白族声像文献档案专题数据库——目录》《大理白族声像文献档案专题数据库——图片》）。

四 楚雄彝族档案文献的开发利用成就突出

毕摩文化与彝族档案文献的翻译、整理和出版取得突出成就。其代表性成果有：《彝族史料集》（魏治臻）、《〈明实录〉彝族史料辑要》、《〈清实录〉彝族史料辑要》（徐铭）、《彝族文献译丛》、《彝文石刻译选》、《武定凤氏本末笺证》（何耀华）、《〈新唐书·南诏传〉笺证》（王忠）、《南诏大理国新资料的综合研究》（李霖灿）、《元代罗罗斯史料辑录》（杜玉亭）、《彝族六祖迁徙典籍选编》、《清代武定彝族那氏土司档案史料校编》、《云南彝族氏族谱牒译注》（张纯德）、《中国彝族谱牒选编·云南卷》、《川滇毗邻县市沙马石亿源流》、《民国时期云南彝族上层家族口述史》、《楚雄历代碑刻》（张方玉）等。

彝族社会的传统文化称为毕摩文化。毕摩文化由两个层次组成，外层为广义的毕摩文化，内容涵盖语言、文字、文学、艺术、哲学、历史、宗教、民俗、伦理以及天文、历算、占卜、医药、农牧等方面；内层为狭义的毕摩文化，其内容为以原始神鬼观念和巫术仪式为核心的毕摩宗教祭祀活动，以及文字的创造、成文的毕摩宗教经典等，其中的毕摩文献既是毕摩文化的重要组成部分，也是彝族文化的结晶体，被誉为"彝族的百科全书"和"镶嵌在彝族文化中的瑰宝"。

彝族文献是指记载有关彝族各方面情况的原始记录。从语言文字上来看，包括了用汉文、彝文、外文以及其他文字记录的书面文献。用汉文记载彝族情况的文献，历史上主要存在于地方志、史籍、子书、类书、艺文等文献中。民国以后，特别是中华人民共和国成立以来，有关彝族的文献主要是用汉文记载的。彝文历史悠久，在明清史志中被称为"爨文""韪书"，近代汉文史书称为"倮文""罗罗文""毕摩文",何时何人创制尚无可考。在彝族先民的社会发展进程中,彝文被广泛地应用于文献记录和编史修志,它以纸张、石碑、兽皮等为载体,记录内容涉及彝族社会历史发展以及生产生活等各个方面。这些文献世代相传,成为民族文化的精粹,促进着一个民族的发展。外文文献主要是近代以来到彝区传教、探险、考察、游历的西方人士编写的著述。综上所述,彝族文献显示出文种多、类型丰富、数量浩繁、分布广泛的特征,给开发利用工作带来很大挑战。

彝族档案文献不仅内容非常广泛,而且载体形式也是多种多样的。除纸质文献外,还有树木文、骨文、竹简、皮书、帛书、金文、石刻等。树木文包括在树干上刻画的文字、以树叶为书写材料的文献、在木板上刻写的文献;骨文是彝族先民为配合宗教仪式而在兽骨上刻写的符号,因多产生于毕摩的占卜活动中,又称"骨卜文",有鸡骨卜、羊骨卜和胛骨卜 3 种;竹简指彝族先民在削成狭长形竹片上写下的文字;皮书与帛书是以羊皮、牛皮、麂皮、麻布、白绸等为载体形成的档案;金文、石刻指铸刻、镌刻在金属器物、石材上的档案文献。金石档案从数量来看仅次于纸质档案,云南现存最早的彝文金文,见于昭通出土的蛙钮彝文铜印,铸于东汉年间,有 7 个彝文字,有学者译为"妥鲁(堂狼)山里手辖印"①。年代最早的刻石是明嘉靖十二年(1533)题刻的禄劝"镌字崖"彝汉文摩崖,记述凤氏家族兴衰史(包括凤氏家族的来历、迁徙路线和民间传说的彝族先民与滇池区域、昆明城区的关系,以及明末以凤氏为

---

① 熊玉昆:《昭通发现一枚彝文铜印》,《云南文物》1989 年第 26 期。

首的彝族头领的反明事迹）。

明清以来的彝文碑碣、谱牒和社会契约文书等，流传至今者甚多。碑碣主要有墓碑、建筑碑、乡规民约碑、山神碑、地界碑、纪念碑、日历碑、迁徙碑、指路碑等，著名的有《小拢嘎彝文碑》《戈丫彝文碑》《安姓籍贯源流碑》《昂氏迁徙碑》《普沙摩岩碑》等。谱牒主要是一些家族（家支）谱系，如著名的《人类历史》是一部记载一百二十代的谱系。《尼祖谱系》是流传于哀牢山一带的"尼"家谱系，从远古的洪水泛滥一直叙述到1956年，以父子连名制的方式一代又一代地逐一记录，涉及历代"尼"先民的迁徙路线。[①] 此外已整理出版的还有滇东北、滇南、滇西的大量彝族氏族谱牒，如《乍氏族谱》《且保氏族谱》《垛氏族谱》《乌蒙部后裔世系谱》《思茅地区江城县杨氏世系谱》《红河州石屏县龙武乡柏木租村李氏世系谱》《南诏后裔蒙氏彝文宗谱》等。[②] 社会契约文书主要是有关安抚边民、奴隶买卖、土地和房屋典卖及各种借贷的契约、布告等。如1986年在石屏县查访到云南总督府于清乾隆五年（1741）发布的彝汉文通告，此通告是新平、嶍峨的地方官府根据当时清政府的汉文通告附上彝文对照刻印转发的唯一一份彝汉文通告，题为"为严禁扰累苗民以安边境事"[③]。另外在云南各彝区还保存有大量账簿、地契、凭据等。彝族档案文献是毕摩文化的综合载体，是考察彝族古代社会和典章制度以及传统文化的主要依据，它在整个彝族社会发展史的研究中居于重要地位，具有

[①] 张公瑾：《民族古文献概览》，民族出版社1997年版，第103页。
[②] 张纯德：《云南彝族氏族谱牒译注》，云南民族出版社1999年版，第1—4页。
[③] 苏伏涛：《试谈清乾隆五年发布彝（汉）文通告的历史背景及意义》，《红河民族语文古籍研究》1988年第2期。

多方面的学术价值，亟待进一步开发利用。

五 丽江纳西族东巴档案文献的开发利用成果丰硕

东巴文化与纳西族档案史料，尤其是东巴经和东巴艺术（音乐、舞蹈、绘画）档案的开发利用取得丰硕成果。其代表性成果有：《东巴经二十二种》、《纳西族史料编年》、《麼些经典译注九种》（1978 年中国台湾版）、《纳西东巴古籍译注》（3 集 14 种）、《纳西东巴古籍译注》（单行本 25 种）、《纳西东巴古籍译注全集》（百卷千册）、《祭天古歌》、《东巴文化真籍》（戈阿干）、《东巴文化艺术》、《永宁土司署档案文书摘抄》、《木氏宦谱》、《木府风云录》（木光）、《古城记忆：丽江古城口述史》（杨国清）、《丽江历代碑刻辑录与研究》、《纳西族地区历代碑刻辑录与研究》（杨林军）等。

东巴文化是指纳西族古代文化，因保存于东巴教而得名，主要包括东巴教、东巴经、达巴口诵经、象形文字、绘画、音乐、舞蹈等内容。其中东巴经是东巴文化的精粹，卷帙浩繁、内容宏富，堪称"纳西族古代社会的百科全书"，是研究大西南藏彝走廊历史文化演变、民族关系、宗教融合及中国远古文化源流变迁的宝贵资料。书写东巴经的东巴文被誉为世界上唯一"活着的象形文字"。保留至今的东巴经约有 1500 种，2 万多册，分别收藏于丽江、昆明、南京、北京、台北等地及美、英、法、德、意、荷兰等国的图书馆或博物馆中。除用于宗教活动的经卷外，还有非宗教性质的东巴文献，如逸闻杂记、记事账本、契约信件、题铭石刻、协议文书等。

东巴画是纳西族古代绘画中最有代表性的艺术遗产。按其形式和内容可分为木牌画（课牌）、竹笔画（本画）、纸牌画、神轴画（普劳幛）4种。其中巨型长卷画《神路图》是目前已知的世界上最长的直幅卷轴画，有人认为它与但丁的《神曲》有异曲同工之妙，被誉为"东方神曲"；"课标"是东巴人初学绘画或制作木牌画时所依照的范本，按其内容可分为各种仪式的通用画谱和某一仪式的专用画谱，这种画谱在长期使用和世代传抄的过程中，所画内容逐步规范化、固定化，并分类注明，形成专门的记事图谱。

东巴舞谱不仅是国内少数民族至今发现的唯一一种舞谱，也是世界上用图画象形文字记录的最早舞谱之一，它集中保存了东巴举行道场仪式时所跳的各种纳西族古代舞蹈，包括鸟兽舞、神舞、器物舞、战争舞、面具舞等，东巴舞谱在纳西语中称为"蹉姆"，意为"舞蹈规程"，是东巴跳神的规范和指南，也是传习东巴舞蹈的必修教程。现存的东巴舞谱已极为罕见，据杨德鋆等著的《纳西族古代舞蹈和舞谱》一书得知，国家图书馆尚有藏本，此外有丽江县图书馆所藏《跳神舞蹈规程》《东巴舞蹈来历》和云南省社会科学院东巴文化研究所藏《祭什罗法仪跳的规程》《舞蹈的出处与来历》4种。

东巴文化丰富的精神内涵，自19世纪以来就引起了国内外学者的关注。我国及世界上十多个国家的学者们，先后从语言学、宗教学、历史学、民族学等方面对东巴文化进行了系统的翻译及研究，在国内外已有大量相关的学术论著问世。1988年，国外一些学者还发起成立了国际纳西学研究学会，此后国际上的合作研究也日益增多，这一切都标志着东巴文化不仅走向世界，而且赢得越来越广泛的国际声誉。东巴文化王宫中的宝藏，将不断被开发利用，再现它原有的光彩。

自1981年5月在云南丽江正式成立"云南省社科院东巴文

化研究室"（后改为所、院）后，国内外东巴古籍文献的翻译、整理、编目工作，基本上就由这个专门机构承担。20世纪80年代后东巴古籍文献的译注大致可分为两个阶段：第一个阶段（1981—2001年），历时20年，此间产出的主要成果有：（1）将原丽江县文化馆珍藏的5000多册东巴经逐步分出1134种，按内容编出30个大类书目，内部油印出版数十种"四对照"（即象形文字原文、国际音标记音、汉文直译、意译）格式的东巴经翻译本，作为内部资料交流；（2）和志武译注《纳西东巴经选译》《东巴经典选译》；（3）云南省少数民族古籍整理出版规划办公室编、东巴文化研究室翻译（四对照）的《纳西东巴古籍译注》三卷本由云南民族出版社分别于1986、1987、1989年出版，共收录10种东巴古籍；（4）戈阿干编著《祭天古歌》《东巴文化真籍》；（5）20世纪八九十年代，丽江县委宣传部组织复原过东巴教有关祭祀仪式规程，并拍摄了影像录像资料；（6）丽江东巴文化研究所编译（四对照）的《纳西东巴古籍译注全集》共100卷897种936册，由云南人民出版社于2000—2001年出版，这标志着基本上完成了国内收藏的不同种类东巴古籍文献的解读和刊布。在国际学术界确立了中国对东巴古籍文献翻译整理的权威地位。《纳西东巴古籍译注全集》在2001年11月荣获了第五届国家图书奖荣誉奖。

近年来，丽江东巴文化研究院承担了国家社科基金项目《纳西东巴大词典》的编纂工作，完成云南省哲学社会科学"九五"规划项目"纳西族东巴教29种仪式资料整理"并作为东巴文献的背景资料出版发行，完成并出版云南省哲学社会科学"十五"规划项目《东巴占卜典籍研究》，编纂出版《西南少数民族文字文献》第12—14卷（纳西族文献），与中央民族大学合作编纂出版《中国少数民族原始宗教经籍汇编·东巴经卷》。

纳西族摩梭人的达巴教是与东巴教同源异流的原始宗教形态。达巴教没有书面语经书文献，主要是口诵经，迄今为止，达巴口诵经翻译整理的主要成果是由摩梭学者拉木·嘎土萨主编的达巴口诵经典翻译本《摩梭达巴文化》（云南民族出版社1999年版）。

第二个阶段是对美国哈佛燕京学社收藏纳西东巴经书的翻译项目，由中国社会科学院民族学与人类学研究所、丽江市东巴文化研究院、哈佛燕京学社联合开展。该项目始于2008年，至今仍在进行中，已由中国社会科学出版社出版四卷，第一卷出版于2011年1月，第二卷至第四卷出版于2011年12月，共收录77本东巴文献。应当指出的是，这些东巴文献，其内容大致与《纳西东巴古籍译注全集》100卷897种相应卷目雷同。虽然如此，但由于东巴经都是手抄本，它也具有各地不同抄本的文献价值。

目前，国内在研的与东巴档案文献研究相关的国家重大项目和重点项目有如下几种：喻遂生教授主持的国家社科基金重大项目"纳西东巴文献字释合集"，徐小力主持的国家社科基金重大项目"世界记忆遗产东巴经典传承体系数字化国际共享平台建设研究"，杨福泉研究员主持的国家社科基金重点项目"纳西东巴文献搜集、释读刊布的深度开发研究"。

其中国家社科基金重点项目"纳西东巴文献搜集、释读刊布的深度开发研究"的研究成果简要概述了国内外东巴文化及其文献的研究现状，重点对东巴教口诵经、东巴图画象形文字的象征意义、东巴仪式及其文献的当代变迁、东巴文献整理范式及成果、东巴叙事传统中的口头与书面文本、东巴文献所载史诗的多元叙事视角、东巴仪式与东巴文献的程式化特征、东巴仪式表演的文本结构、东巴经的口头程式与纳西族口头传统等方面进行了专题研究，撰写了多篇田野调查报告，翻译释读了几种不同地区有突出特色的东巴文献，为东巴文化及其文献的整理和保护指明了发展方向和思路，有助于促进东巴文化及其文献的深度开发利用。该项目研究从国内外东巴文化及其文献的研究现状出发，紧密围绕东巴文献的当代变迁、叙事传统和口头特征，提出了当下保护与传承东巴文化、释读刊布和创新东巴文献的一些想法和建议，并特别关注到过去被普遍忽略的东巴祭司口诵经，具有较强的理论意义和实践指导性，填补了纳西东巴文献收集整理与深度开发问题研究的一项空白。

六　西双版纳傣族历史档案的开发利用成效显著

贝叶文化与傣族历史档案，尤其是傣文贝叶经和傣族医药（单方、验方、医药文化）古籍档案的开发利用取得显著成效。

贝叶文化是傣族文化的象征性概括，有广义和狭义两种。广义的贝叶文化指傣族的整个文化。在历史发展的长河中，傣族人民吸收了中原文化、印度文化和东南亚文化等多种精华，并加以丰富和发展，逐步形成了民族特征浓厚、兼容并蓄、开放性强、多元复合的民族传统文化——贝叶文化。贝叶文化历史悠久、内容丰富、含义精深，积淀着傣族等云南少数民族的智慧，同时在东南亚和南亚传播广泛，是云南连接东南亚、南亚的重要文化纽带。贝叶文化也是党和政府在西双版纳州及云南许多少数民族地区树立科学发展观、构建和谐社会的重要文化资源。

傣族进入封建领主制后，建立了比较完整的统治机构，也保留了大量的官府文书、告示、节日祝文、誓词、委任状等。官府保存或民间流传的傣族文书都是写在当地用构树皮制作的棉纸上，有政府文牍、经济文书、谱牒世系、宗教经典和各种图籍等，内容包罗万象，数量大为可观，是很有价值的史料。其中政治方面有历代朝廷和政府授予傣族首领官位的诰敕、颁发的信件，推行土司制度和"改土归流"的档案，包括历代土司的委任状、土司承袭的各种文状、宗枝图本，呈诉罪状、内部争袭、互斗、互控，辖区领地争夺，土司行政管理，国民党设治局、督察专员有关土司情况的呈报和考察报告等；经济方面有傣族首领、土司向历代王朝进贡，征发各种课税、徭役、田赋，各类经费开支、债务、契约、人丁等的命令、清册、账簿，如《傣历一九一年（1829年）宣慰使为征派招待天朝官员费用的指令》《勐遮等八勐向清王朝缴纳银粮的摊派册》等；[①]军事方面有《镇压悠乐山起义布告》等各种文告；法律方面有最早的傣文法规《芒莱法典》，各种等级法规、民刑法规、地方公约、罚款和赎罪的规定以及勐规、寨规、寺规、教规等；天文历法方面有《苏定》《苏里亚》《西坦》《历法星卜要略》等；医药方面有《档拉雅》；农田水利方面有关于土地制度的《宣慰田、头人田及收租清册》《耿马九勐十三圈的头田登记册》和各勐土司私庄田的各种收租清册以及各村社占有土地的登记册等，关于水利管理的《景洪的水利分配》《议事庭长修水利令》《景洪坝的宣慰田及官田》《景洪地界水沟清册》《景

[①] 杨中一：《中国少数民族档案及其管理》，中国档案出版社1993年版，第158—159页。

洪田亩数及水利分配》《从贺勐到景澜水利分配及保管手册》等；①文学艺术方面有诗歌谚语、神话传说、故事唱词、音乐舞蹈、工艺绘画等。

　　狭义的贝叶文化指刻写在贝叶上的贝叶经。傣文贝叶经是傣族地区特有的一种佛教经卷，它是用铁簪子在贝多罗树的叶子上面刻字，写好后用植物油拌锅底黑烟涂在叶面上，再用湿布擦拭一遍，使文字清晰地显示出来。在傣族地区，贝叶经被保存在佛寺藏经阁的"林坦"（经书箱）里，并总是被人们放置在最重要的上等台栏上面，以示庄重。现存的贝叶经大多是18世纪后形成的，号称有8400卷，除有部分小乘佛教经文档案外，还有傣族僧人的历史纪录和世俗文书，以及大量的文学手稿。

　　贝叶经是傣族历史上形成的主要档案形式，记录了傣族文化历史的方方面面，内容非常丰富，包括大量傣族歌曲、音乐、舞蹈、诗歌、文学等内容，是云南文艺工作者进行文艺创作、表演的重要参考。近年来，文艺工作者根据贝叶经的内容，创作出不少新颖、独特的民族艺术作品，如大型舞剧《召树屯与喃木诺娜》《兰嘎西贺》；大型音乐诗剧《泼水节》等。贝叶经具有独特的审美价值，其中不少内容、故事、图案还成为美术绘画的创作素材，一些作品因其别具风格而在国内外获奖。在查阅、发掘傣文剧目和其他民族文艺档案遗产的基础上，云南映象文化产业发展有限公司、丽水金沙演艺有限公司等一批文化企业，开发出《云南映象》《印象丽江》《丽水金沙》《勐巴拉娜西》《云岭天籁》《小河淌水》等一大批优秀的民族文艺作

---

　　① 张公瑾：《民族古文献概览》，民族出版社1997年版，第275—278页。

品，在繁荣民族文化产业方面进行了有益的探索。①

傣族民间文学艺术的发掘利用有《召树屯》《巴塔麻嘎捧尚罗》《兰嘎西贺》《线秀》等长篇叙事诗百余部。以《英叭开天辟地》《九隆王》《艾苏和艾西的故事》等为代表的故事达数百篇。

受到民族医药学界高度重视的傣医傣药精华，很多药方、诊疗手段也是从傣族历史档案中发掘整理出来的。譬如：我国药物专家在查阅西双版纳医药文献并深入调研的基础上，发掘到傣医临床用于治疗疮疡肿毒，具有止血、止痛、生肌功能的傣药"亚乎鲁"，提取和制成了能使肌肉松弛的制剂"傣肌松"。

七 红河民俗文化档案的开发利用全面开花

红河州位于云南省东南部，境内除了人口最多的汉族和哈尼族、彝族两个自治的主体民族外，还有回、苗、瑶、傣、壮、布依、拉祜、布朗（莽人）共11个世居民族。在历史发展的进程中，红河州各民族都形成了自己的传统民俗文化，每个民族都有各种形式的民间文学，如哈尼族的《哈尼阿培聪坡坡》《哈尼祖先过江来》、彝族的《阿细的先基》《尼苏夺节》等；每个民族都有自己的节日，如哈尼族矻扎扎节、彝族火把节、苗族花山节、瑶族盘王节等；每个民族都有代表性的歌舞，如哈尼族多声部民歌、哈尼族四季生产调、芒鼓舞、乐作舞、彝族海菜腔、彝族烟盒舞、阿细跳月，苗族芦笙舞等，不仅荣登国家级非物质文化遗产保护名录，甚至还走出国门，打开了一

---

① 华林、黄梅：《少数民族档案遗产研究》，《档案学通讯》2010年第4期。

扇"世界认识红河"的窗口。特别是 2013 年 6 月，红河哈尼梯田文化景观被第 37 届世界遗产大会列入联合国教科文组织世界遗产名录，更是举世瞩目。

红河州的红河县有"滇南侨乡""歌舞之乡""棕榈之乡""天籁之城"的美誉，传统民俗文化绚丽多彩，如乐作舞就是红河县特有的一种民族民间舞蹈，此外还有芒鼓舞、棕扇舞、白鹇舞、奕车鼓舞等，建议在县文化馆兴建一个以哈尼族传统民俗文化档案（包括婚姻、服饰、饮食、民居、丧葬、节庆、宗教、梯田等方面）为主要内容的展览馆，让全县人民包括外地游客来到展览馆参观学习。

在口头与非物质文化遗产的收集整理方面，现已有《哈尼族口传文化译注全集》（100 卷 6000 万字）、《红河哈尼族彝族自治州文化艺术志》、《中国戏曲志·云南卷·红河分卷》、《中国舞蹈集成·云南卷·红河分卷》、《话说红河》、《红河州民族民间传统文化保护名录》（上、下册）、《彝族烟盒舞与海菜腔》、《红河州民族酒歌精选》（CD 光碟）等一大批优秀的宝贵资料相继编辑出版。新近出版的《红河文化大观》对全州范围内的国家级、省级和州级 11 个项目、132 位非遗传承人的照片及文字资料进行了全面的收集整理。[①]

哈尼族民俗文化档案包含了哈尼族社会历史、宗教文化、风俗习惯等丰富深厚的记忆内容，构成哈尼族社会历史记忆的重要组成部分，且相较于其他社会记忆方式（诸如图书、文献、文物、遗址、遗迹等），哈尼族民俗文化档案以其原始记录性的

---

① 李炜：《非物质文化遗产与民族地区图书馆特色馆藏建设——以红河州图书馆为例》，《云南图书馆》2013 年第 4 期。

本质属性而更具权威性、可靠性，进而有助于人们利用哈尼族民俗文化档案，来完成对哈尼族社会记忆的解读、选择和塑造。

八 文山壮族档案史料的开发利用争奇斗艳

文山州有壮族、彝族、苗族、瑶族等11个世居少数民族，历史悠久、文化灿烂。壮族也是众多无文字少数民族之一，长期以来都是靠口语传记方式传承本民族的宗教信仰、风俗习惯、生产工艺等。然而随着社会的发展和变迁，了解壮族历史文化和社会发展情况的老人越来越少，壮文化面临着巨大的传承危机。

为了挽救濒危的壮族文化，保持民族文化的多样性，文山州档案局于1993年10月对壮族土支系口碑档案史料进行了收集、整理，内容包括壮族发展史、歌舞、婚俗、民族服饰等方面，取得了初步成效。最后主要以录音磁带、照片、录像带的载体形式存储下来，这些口述档案材料的收集在社会上引起了很大反响，同时也为下一步开展口述档案资源的开发利用提供了馆藏基础。

"坡芽歌书"是壮族文化遗产的一朵奇葩，于2006年在文山州富宁县开展的一次文化普查工作中被偶然发现。"坡芽歌书"被描绘在一块白色土布上，原件珍藏于剥隘镇坡芽村村民农凤妹家中。共有81个图像符号，分别代表着81首壮族情歌，每个图案以歌中用以表情达意的物象描绘记录，起到提示作用，只要见到这个图形，即可唱出整首山歌。每个图案笔法简洁、写意传神，神似壮锦图案。由于"坡芽歌书"体裁的特殊性，有学者称为"天下第一部图载歌书"。2006年11月，中央民族大学非遗中心与富宁县签订合作协议，对《中国富宁壮族坡芽歌书》进行整理出版。整理方法是对每个图像符号记忆的原歌进行全部录音，然后按照"四对照"的方式对歌句进行全面翻译和整理，该书于2009年3月由民族出版社隆重推出，为在云南昆明召开的"国际人类学与民族学联合会第十六届大会"献上了一份厚礼。

第二节　开发利用的特点

一　开发利用主体多元化

开发利用工作的主体从单一的民族古籍整理、研究部门向多元化方向发展。参与开发利用的机构、部门、人员众多，已不仅仅限于档案部门，也可以是高等院校、科研院所、古籍办、图书馆、博物馆、文化馆、纪念馆、文管所、史志办等。参与开发利用的人员结构复杂，除了档案工作者外，还有民族文化传承人、民族工作者、宗教神职人员、科研人员、教师等社会各界人士。

二　开发利用模式社会化

（一）从内部转向外界

过去的档案编研工作仅限于档案部门，即以档案馆（室）为主，现在则从档案馆（室）自编转向档案馆（室）与有关部门联合编研、档案馆（室）组织、委托和接受有关单位和专业人员编研。从主体角度来看，档案开发利用的模式已从档案机构模式转向非档案机构模式、联合开发利用模式。

（二）从冷门转向热点

少数民族档案信息资源的编研开发从过去无人问津的冷门

工作转向热点领域。在党和国家关于繁荣发展民族文化、开发档案信息资源、发展档案文化产业、实现"档案强国"梦的号召下，广大档案工作者和相关单位、专业人员热情高涨、积极响应，不断投入大量人力、物力、财力开展少数民族档案编研利用工作，从过去单一地汇编档案文件、档案史料原件，即档案文献原文汇编，逐步发展为根据档案史料编写各种档案参考资料，如大事记、组织机构沿革、基础数字汇集、专题概要、年鉴、图册等，编写"书本叙述式"的档案检索工具，如档案馆指南、专题指南、全宗指南、档案文摘等，以及研究少数民族档案，撰写学术论著，参加编史修志，参与民族问题和边疆问题研究，为民族学、人类学、社会学、民族史、地方史、边疆史学科以及"国家清史纂修工程""信息边疆"建设提供第一手资料。

（三）从"小编纂"走向"大编研"

传统的"小编纂""小编研"不仅方式单一、方法陈旧、手段落后，而且效率较低、成效不大，对社会的影响力和推动力较小。近年来，档案部门积极转变观念、开拓思路，尝试由闭门造车式的"小编纂"向开放式的"大编研"转变，主动把馆藏的"宝贝"亮出来，邀请专家学者来"鉴宝"，与其他相关部门开展合作编研，走出一条可持续发展的编研工作新路子。

三 开发利用方法手段现代化

多样化的技术方法和手段，使得编研方式更加灵活，编研效率大大提高，编研成果大量增加。

1. 从信息收集整理上看，使用计算机来查找档案信息，开发档案文献编研管理系统，构建编研知识仓库，需要时可直接在"档案文献编研管理系统"中加工处理文献资料，大大减轻了编研人员的劳动强度，提高了工作效率。

编研人员只要在网上键入要查找信息的关键词或者特定的分类号，就可以方便快捷地检索到分散在各地信息中心、各全宗、各案卷、各文件中的某一专题的档案资料或相关内容、数量、存址以及保存状况等信息。

2. 从信息组织加工上看，运用计算机技术进行文字的编辑、加工和处理，可一次录入，随意复制和编排版面。利用扫描、摄影等实现对图像类档案信息的编研。

在信息加工遇到困难时，还可以在互联网上及时与专家沟通，寻求解决方案，互动性大为增强。

3. 从信息传播共享上看，多媒体技术、复制、压缩、海量存贮技术的应用，使档案信息以光盘、DVD、VOD等形式展现出来，实现多种格式档案信息的识别和存储。利用网站、网页技术，上传集文字、图片、声音、视频为一体的视听档案编研信息。

在编研公布形式上，除了采用传统的排印、影印等方式印刷发行档案文献，以及通过广播、电视、网络等途径编纂公布档案文献外，还可以采用磁盘、光盘等载体形式出版档案文献编研成果，在编研成果的形式方面有突破性的进展。

在传播方式上，档案文献可以通过微博、微信、微视频和客户端等新兴媒介传播，极大地提高了传播效率。只需将新编成的档案文献上传到互联网或手机网络平台，即可跨越时空在网络上公布。

四 编纂成果数量巨大，类型丰富多彩

1. 从数量上看，现在还无法对卷帙浩繁、数量巨大、种类繁多的编纂成果作出较为准确的数量统计，下一步应编制出完善的少数民族档案文献编纂成果目录，在各个档案馆（室）编研成果目录的基础上，编制少数民族档案文献编研成果联合目录，根据这个目录再作出初步的数量统计。

2. 从种类上看，不仅有全录、节录、摘录，也有汇编、选编、简编、简辑、选辑、辑录、辑要、节钞、摘编、摘抄；不仅有长编、丛编、丛书、丛刊，也有总集、别集、全集、选集、文集、文选；不仅有档案文摘、开放档案目录、全宗介绍（全宗指南）、档案馆（室）介绍（档案馆室指南）、大事记、组织机构沿革、会议简介、专题概要、综述（专题述评）、统计数字汇集、科技活动史、产品样本，也有名录、年表、年谱、表谱、年鉴、手册、图集、图谱、图录；不仅有单行本、工具书、资料书，也有词典、经典、百科全书。

3. 从内容上看，传统的一次档案文献汇编依然是成果的主要类型，但二次档案文献、三次档案文献乃至混合型档案文献也正在逐渐增多。特别是混合型档案文献，是兼有一次、二次、三次档案文献的类型，兼有文书档案、科技档案、专门档案的内容，兼有文字、图表、声像等形式的档案文献，应该成为未来档案文献编纂成果的主要形式。

五 编纂成果的载体形式趋于多样化

信息技术的应用，促使档案编纂成果的载体及传播媒介从有形实体向虚拟形式转变。除了传统的书籍、报刊、图片等，还有照片、影片、数据库等。不仅包括不同的信息格式，如磁带、磁盘、光盘等，还包括不同的信息类型，如目录信息、全文信息、多媒体信息、图像、音频、视频等，因而使档案编研成果不再受制于传统的载体形式。

六　开发利用取得成功的关键因素较多

不仅有地方各级政府的高度重视，也有来自当地各族群众的大力支持和专家、学者的热情参与，更有大范围、多领域、跨学科人员的合作，有充足的资金投入。

信息技术改变服务理念，促进档案编研系统向开放式、网络化、社会化的信息服务模式转变。开放式档案编研在形式上不再是档案部门单打独斗，而是与馆内外合作，优势互补，在内容上依托馆藏档案的同时，吸纳社会文化资源作补充，开门搞编研。

档案编研作品更符合时代需求，档案信息资源开发多元化，各级政府积极推进民族记忆遗产保护传承工作。云南省近年来大力推进民族记忆遗产保护与传承的经验表明，民族档案资源的开发利用同样需要多元化进行。首先，地方各级政府的倡导、支持和推动非常关键；其次，来自社区民众与学术界的参与和推动也至关重要。除此之外，一些独具慧眼的民间文化企业（民营企业）也可以为其注入急需的资金，在其中起到十分重要的作用。

第 五 章

云南少数民族档案信息资源开发利用存在的问题

第一节 馆藏类型单一,不能满足社会需求

少数民族档案类型单一,可利用的信息资源少。笔者查询了我省地、州、市的三个档案信息网站,发现少数民族档案资源的开发利用状况很不理想:

网站一:楚雄市档案信息网的"开放档案目录查阅"提供了部分馆藏目录信息,在"开放档案目录查阅"中输入"彝族档案""少数民族档案"等关键字,均未查询到相关档案目录,在"开放档案"栏目中输入"彝族"仅找到1条记录:"中华民国三十二年(1942)关于救济护送侨领彝族回籍的训令",在"精品拾趣"栏目中仅有"楚雄市综合档案馆馆藏彝族刺绣"1张图片。

网站二:拥有"世界记忆遗产"——东巴古籍文献的丽江档案信息网目前还处于新网站的建设测试过程中,外界完全不能使用。

网站三：西双版纳档案信息网的"档案在线查阅"只提供了部分馆藏目录信息，不含有少数民族档案。该网站仅在"历史在线展室"板块中极为简略地展示了几种少数民族档案："少数民族历史档案一览（之一）：竹片档案（傣族）、竹筒档案（傣族）、数豆计龄（拉祜、哈尼族）、结绳记事（哈尼族）、刻木记事（拉祜、哈尼、基诺族）、贝叶经（傣族）、棉纸经（傣族）、《中国贝叶经全集》（傣族）"，共计10张图片；"少数民族历史档案一览（之二）：各具特色的印章档案、元朝颁布车里宣慰使司之印、元朝颁发给彻里军民总管府的印、明朝颁发给车里宣慰司的印、宣慰议事庭条状印、宣慰议事庭象牙圆形印、云南督军唐继尧颁给车里宣慰使司的木质印章"，共计7张图片。"史料公布"栏目中仅有州劳模光荣榜，没有少数民族档案史料汇编成果，"珍品荟萃"栏目中也无任何内容介绍。

为了解大理白族档案史料整理和公布的进展情况，笔者还专门上网搜索，但结果同样令人失望，不仅没有查询到"大理州档案信息网"这个网站，而且也找不到有关大理白族档案资料馆藏情况的详细介绍。

总的来看，云南省各地、州、市的档案网站如同一个个相互独立的"信息孤岛"，彼此之间无法交互，不能实现馆际间档案信息资源的共享。

一是提供的少数民族档案信息类型单一、特色不突出。少数民族档案形式多样，且颇具特色。如傣族的棉纸经、贝叶经、竹片经、竹筒经以及其他少数民族的原始记事档案、碑刻档案、兽皮档案、树叶档案、壁画岩画等。但很多网站对其只有简单的介绍，很少附有图片、照片等图像信息，有的虽有两三张照片，却没有相应的准确、详细的文字介绍，内容不完整、不齐全，这样的网站只能提供浏览观赏，不能更好地发挥其独特的功能。有的网站全文展示的档案上网率不高、网上查询利用率低。有的网站很少提供专题音频、视频资料。

二是提供少数民族档案信息的能力明显不足。从云南省各地、州、市建立的档案信息网站来看，大多只有简单的馆藏介绍或专题概要，其他能够更深刻揭示、评价馆藏的编研材料，如某个少数民族馆藏档案指南或全宗介绍、某个少数民族名人传记、某个少数民族大事记很少见到；有的网站设计不美观、适用，网页制作简单、粗糙，文字说明错漏较多，图像照片模糊不清，音频视频文件无法播放，内容信息量偏少；有的维护更新缓慢，维护力度不足，内容长期得不到更换，不能吸引访问者。作为一个拥有少数民族种类最多，而且还有 15 种特有少数民族的民族文化强省来说，各级各类档案馆对少数民族档案资源的介绍如此之少，不免令人失望。当然，这并不是说我省档案部门对少数民族档案不重视，但起码说明有关领导对少数民族档案数字化、网络化、信息化建设不够重视，资金、人才、技术的投入严重不足，从而影响和制约了少数民族档案信息共享平台的建设。

三是虽然建成了多个数据库，但各少数民族档案文献数据库相对独立，数据格式不统一，功能简单，要想进一步挖掘存在于这些珍贵档案文献中的有价值的内容信息，还需要对多种数据库作进一步的设计研发，在统一数字化标准和规范的前提下进行深度开发，共建共享，充分发挥其固有的珍贵价值和作用。

第二节　缺少科学的方法、技术和实现路径

近年来，随着文献载体形式的影像化发展，少数民族影像型文献日趋增多，为我们研究利用少数民族影像资料积淀了厚实的基础。但从现状来看，国内对少数民族影像资料的研究还是一项"学术空白"，这在很大程度上是因为我们对难以计数的影像资料缺乏科学的整理、专业的管理和非商业化的利用，最严重的是缺乏专业的管理人员和专项研究经费，影像资料的商业化更是无从谈起。各单位之间缺乏沟通交流，彼此少有观摩研讨；电视台内部各部门、各栏目存在严重的重复购买、重复制作、重复投资的恶性循环现象；大量珍贵素材流失在并无保管条件的个人手中，版权流失问题相当严重；少数民族影像资源建设薄弱，投入不足，设备老化，共享受限，多数图书馆、文化馆和教育、科研机构没有影像资料（室）信息服务，不注重少数民族影像资料的收藏和利用，不仅馆藏匮乏，而且利用不便；档案部门对影像资料的收集归档普遍没有制度化要求，也无相应的职责考核督促。对影视资料的获取，目前尚缺乏有效的发行制度、联合目录、相关影展或网站链接等渠道，因此为了教学或科研的需要而寻找各地所拍摄的影视片以作为讲课实例或研究对象，往往是一片难求。在缺乏影像档案传统的我国，少数民族影像记录的独特功能和价值还不为多数人认知，即使专家学者也并非都有查阅利用影像资料的便利和意识。这些都导致了历史影像记录，特别是少数民族影像档案无人关注，是一块亟待开垦的"文化处女地"。

第三节 缺乏有效的工作模式和创新机制

从当下来看，虽然云南少数民族档案资源建设工作已开始起步，但少数民族档案信息资源开发利用工作仍存在一些不足。现将总的印象和感受小结如下：

一是目前各民族自治州、县档案部门按照省档案局的部署和安排，已对本辖区内的少数民族口述历史和实物档案线索展开调查走访，但相关工作整体上还停留在抢救和保护、收（征）集和整理阶段，尚未进入开发利用工作的更高层面，在工作过程中缺乏长远的发展规划、缺乏明确的目标方向及思路、缺乏相应的标准和规范、缺乏专项的资金设备和人才投入、缺乏有效的工作模式和创新机制。

二是虽然大部分地、州（市）、县已新建了档案馆舍，使档案保管条件和技术设备有了很大改善，但档案馆的公共服务空间和传播交流空间仍十分有限，档案提供利用仍以传统的手工、内向、被动工作方式为主，集开放、宣传、存储、交流、服务为一体的档案网站的功能没有得到充分的发挥和利用，许多网站不能及时准确地发布各类档案信息，不能针对用户的个性化要求提供相应的档案利用服务，不会借助网络技术挖掘档案信息深层次的价值，能称得上精品力作的档案信息开发成果太少。

三是档案部门基本上没有参与口头与非物质文化遗产的主动建档和开发利用中来。这方面的工作主要由各地的非遗中心、图书馆、博物馆进行，从而导致大量非物质文化遗产档案分散在文化、文物部门，没有及时移交到档案馆内集中管理，档案局（馆）对文化部门、研究机构的口述历史和非物质文化遗产档案工作缺乏监督、检查和业务指导。

第四节　数字化、网络化、信息化服务水平较低

少数民族档案信息资源的数字化、网络化、信息化服务水平较低，导致了开放公布和社会共享的力度和强度较弱。边疆民族地区由于经济、文化水平相对落后，现代信息技术在档案馆没有得到广泛的应用，已采用计算机管理的档案馆基本上各自为政，难以形成整体优势。

我国55个少数民族中的53个有本民族语言，其中29个民族有与自己语言相一致的文字，由于有的民族使用一种以上的文字，所以29个民族共使用54种文字。但到目前为止，我国仅有蒙古、藏、满、维吾尔、哈萨克、柯尔克孜、傣、彝、壮、朝鲜10种少数民族语言文字可以进行计算机文字处理，并能与汉、英等文字实现兼容，其他44种文字还不能进行计算机文字处理，也不能与其他文字实现兼容。

边疆民族地区档案馆少数民族档案的数字化、网络化、信息化由于缺少统一的标准和规范，缺乏总体规划与宏观对策，民族档案载体形式多样、内容复杂，政治敏感性强，再加上少数民族语言文字在数字化处理上的瓶颈，给民族地区数字档案馆建设带来较大难度，使得网络互联互通与数据交换存在诸多障碍，从而给实现计算机网络管理带来很大难度。

以档案文献数据库建设为例，存在的问题主要有：一是大量专题数据库由于网络安全等因素没有开放，也没有设置各级

页面和各类资源的访问和获取权限，无法开展深层次的知识服务，应用平台的界面和功能设计不合理。二是大量数据库建成后内容更新工作滞后，资源的数量和质量无法满足需求，数据库由于缺乏后续的更新和维护成为死库。三是数字资源建设和数据库平台建设缺乏统一的标准规范。四是缺乏有效的共建共享模式，知识产权问题难以解决。

各级档案部门对如何在数字档案环境下开展业务，认识上还不够明确和具体。档案数字化建设水平相对较低，馆藏档案全文数字化还处在起步阶段，有些基层档案馆受限于目前的保管条件，还没有开展此项工作。信息化专业队伍及干部职工的整体信息技术水平与管好、用好数字档案馆的要求还存在一定差距。这些都给实现数字化、网络化、信息化管理和少数民族语言文字档案的开发与利用带来很大困难，制约了多元文化服务的开展，减弱了少数民族档案信息开放公布和社会共享的力度和强度。

第五节 理论探讨不够，实践经验不足，相关成果稀少

目前少数民族档案信息资源开发利用尚处于对原始资源进行粗放式开发的初级阶段，开发者大都缺乏实际工作经验，处于"摸着石头过河"的探索阶段，虽然积累了一些实践经验，但还没有上升到理性认识的阶段。

对任何资源进行开发利用，首先要对资源本身、资源与环境、可持续开发等问题有深入的认识。但目前我们对这些问题还没有系统性研究，对少数民族档案资源的认识还非常肤浅。

如：对少数民族档案资源的民族特色、资源特性、功能定位、价值发挥的规律尚缺乏系统研究，少数民族档案资源开发利用与档案、档案馆、档案工作、档案事业、少数民族文化事业之间的关系还没有认识清楚，少数民族档案资源科学合理开发利用的目标、任务、范围、内容、程度缺乏量化，少数民族档案资源开发利用的政策、法规、机制、原则、方法、模式等都未明确，少数民族档案资源开发利用的市场调研、用户心理、目标群体、营销方式等都没有专业指导，对少数民族档案资源开发利用与保护、保密、基础工作、信息化工作之间存在的矛盾或关系没有深入分析。就连少数民族档案是否是一种文化资源，是否能够进行广泛的文化性开发利用，是否是档案馆主要职能之一等基本问题的观点都尚处于正反方对峙、各执己见的阶段。可见，我们对于少数民族档案信息资源开发利用的研究实在太少，理论不成体系，实践缺乏指导，相关成果稀少，这种状况对于少数民族档案信息资源和档案馆的开发利用工作而言都不是一个好现象。所以，加强相关理论研究，是少数民族档案资源开发利用步入正轨，提升水平的关键因素之一。

民族地区图书馆、档案馆开展的各项服务活动主要面向的是机关团体、主流群体，对少数民族、少数群体的多元文化服务较少，多元文化服务还处于起步阶段，缺乏系统的理论指导，服务意识比较淡薄，服务机制也不完善。国外图书馆、档案馆的多元文化服务，无论在理论上还是在实践中，都已相当成熟，而国内针对图书馆、档案馆多元文化服务的研究性文章和规范性文件几乎没有，仅靠借鉴国外的多元文化服务方式，不可能建立起我们自己的多元文化服务体系。

近十年来，云南少数民族档案信息资源的开发利用主要集中在口述历史、非遗档案、声像文献等方面，其中档案文献编纂工作取得突破性进展，编辑出版了《云南15种特有民族古代史料汇编（上中下）》《云南特有少数民族图文档案》《云南土司世系年表》《云南土司遗迹》《云南土司抗战研究》等。但就全省情况看仍处于理论探讨不足、实践经验缺乏、相关成果稀少的状况，一是大多针对某一地域或主题的民族档案进行研究，整体性研究不够；二是开发上多偏重档案史料汇编，少有关于信息资源共享的探索；三是研究成果多为传统编纂方法的探讨，尚未自觉从档案史料汇编向信息资源共享演进角度完善档案开发利用理论；四是缺少针对云南少数民族档案信息资源开发利用的总体规划和全局架构，缺少对云南少数民族档案信息资源的精品打造和特色彰显，也缺少将少数民族档案信息资源整合与开发利用相结合的战略思考。因此，新时代加强云南少数民族档案信息资源的发掘利用，是云南民族档案工作和民族文化建设的重要基石，对大力弘扬和传承民族优秀传统文化意义重大。

第 六 章

云南少数民族档案信息资源开发利用的对策措施

第一节 围绕地方民族特色开展档案开发利用工作

一 突出抓好特色产业、支柱产业的开发工作

在紧密围绕地方特色产业开展创新服务方面，云南图书馆界积累了许多成功的工作经验，其中一些做法值得我们档案部门学习和借鉴。如结合红河州"红烟、红酒、红药"等特色农业和矿产资源的特点，围绕全州确定的"一个中心，五个示范"战略目标，红河州图书馆把服务的目光瞄准了《红河州产业建设三年行动计划》的具体实施，思考着如何为全州需要大力发展和打造的新兴产业提供实用可行的信息咨询服务，把信息资源转化为现实生产力来提供智力和信息咨询服务。在上级部门及相关专家学者的努力下，红河州图书馆正式启动了"红河州产业建设文献信息公共服务平台"。这一产业建设信息服务平台的运行，将为各类企业提供强有力的信息与发展的智力支持，

更是图书馆服务经济建设的开拓性创新服务。①

二 充分挖掘和整合民族民间丰富深厚的档案资源

（一）收集整理民间档案文化遗产，汇编成册出版

20世纪80年代以来，大理州考古、文化、高校等研究部门在建设民族文化大州的目标指引下，抓住机遇、找准方向，大力开展考古出土与民间文献的收集整理工作，编辑出版了《大理市古碑存文录》《大理历代名碑》《南诏大理国瓦文》《下关商会档案史料选编》《中国白族白文文献释读》《中国木版年画集成·云南甲马卷》等民间档案文献收录编研成果。进入21世纪后，在大理州委、州政府的重视和支持下，大理民间档案文献的抢救、整理工作进展较快，成果喜人。尤其是大理州白族文化研究院以《大理丛书》为选题的大型资料丛书"金石篇""本主篇""艺术篇""白语篇""方志篇""建筑篇""族谱篇""史籍篇""大藏经篇""考古文物篇"十大专辑的出版，以《情系大理》为选题的历代白族作家丛书18卷，以及中国民间文化遗产抢救工程《中国民间故事全书》大理州12县市卷的问世，受到同行专家和社会的肯定与好评。②

散落于民间的楚雄彝族文献史料，在历次战乱、社会动荡及"文化大革命"浩劫中屡屡遭受厄运，几乎濒临灭绝。直到1982年3月30日成立彝族文化研究室后，才有了开展收集、整理工作的专门机构和人员，在此后的30年间，收集到大量彝族古籍文献，楚雄州档案馆、州民委、州图书馆、州博物馆以及

---

① 李炜：《对少数民族地区图书馆服务创新的思考——以红河哈尼族彝族自治州为例》，《云南图书馆》2013年第4期。

② 刘丽：《大理民间文献与民族文化传承研究探析》，《云南图书馆》2013年第4期。

武定、双柏、禄丰等县的有关部门也收集到不少彝族档案史料。2004年9月15日楚雄州人民政府决定成立整理出版"彝族毕摩经全集"领导小组和顾问委员会，同时聘请省内和四川、贵州、广西等地的彝族专家学者参与，拟出版《彝族毕摩经全集》一百卷，工作及出版经费预算为1000万元。2008年11月22日，30卷先期编译的《彝族毕摩经典译注》由云南民族出版社出版，并在楚雄州会务中心举行首发式，2010年8月，又有40卷《彝族毕摩经典译注》由云南民族出版社出版发行。

（二）发掘整理地方非物质文化遗产，主动建档保护

2003年以来，德宏州在全境范围内开展了历史上规模最大、范围最广、持续时间最长的民族民间传统文化普查工作，发掘抢救、记录整理了一大批各民族的非物质文化遗产项目，收集、掌握了大量的第一手文献资料。目前，已形成文字资料100多万字，音像资料3000多分钟，图片5015张，绘制图表270份，传统乐谱149份，专题报告513个。其中，县级保护名录171项，州级保护名录152项，省级保护名录25项，12项被国务院公布为中国第一批非物质文化遗产代表作，36人被公布为云南省第一、二、三批民间文化传承人，9人被公布为国家级第一批民间文化传承人。2008年德宏州又有4个项目被列入国家级非物质文化遗产保护名录。同时，德宏州的瑞丽市先后被文化部和省政府命名为"中国现代农民绘画之乡"和"孔雀之乡"，陇川县户撒镇被文化部命名为"中国传统文化之乡"，陇川县被省政府命名为"目瑙纵歌之乡"，2011年梁河县被文化部命名为"中国民间文化艺术之乡"。德宏州加强对非物质文化遗产的普查、整理、上报，并有重点地实施建档保护，对增强民族团结、维护边疆稳定、建设先进文化、打造"民族风情文化州"、

推动全州经济社会发展具有十分重大而深远的意义。①

近年来，云南省加强了非物质文化遗产档案资料的收集整理，现已编辑出版发行了《云南省非物质文化遗产名录》、《云南省非物质文化遗产传承人名录》、《红河州民族民间传统文化保护名录》（上、下册）、《曲靖市非物质文化遗产保护名录》、《潞西非物质文化遗产选辑》、《芒市非物质文化遗产选辑》、《迪庆藏族自治州非物质文化遗产保护名录》、《普洱市非物质文化遗产名录大典》、《巍山非物质文化遗产》、《丽江市非物质文化遗产保护名录》等一大批成果。这些成果大多采用统一的体例编辑出版，即全书分为国家级、省级、地州（市）级、县级保护名录以及口述文学、民间音乐、民间舞蹈、民间戏剧、民间曲艺、民间美术、民间建筑、民间工艺、民间习俗礼仪、民族民间传统文化传承人等十多个部分。

第二节　探索少数民族档案资源开发利用的方法和途径

一　建立少数民族档案资源开发利用的规范和标准

自 2000 年以来，我国已先后出台了与档案信息化建设、电子文件管理、数字档案相关的国家标准和行业标准，如《CAD 电子文件光盘存储、归档与档案管理要求》（GB/T 17678 - 1999）、《电子文件归档与管理规范》（GB/T 18894 - 2002）、《纸质档案数字化技术规范》（DA/T 31 - 2005）、《电子文件元

---

① 杨建：《关于图书馆参与非物质文化遗产保护工作的几点思考——以德宏傣族景颇族自治州为例》，《云南图书馆》2013 年第 3 期。

数据标准》（征求意见稿）、《电子文件归档光盘技术要求和应用规范》（DA/T38 - 2008）、《档案信息系统运行维护规范》（DA/T 56 - 2014）等，但尚未形成统一的资源描述、标引、著录、查询、利用的标准规范，因此应根据国家相关标准，结合档案部门自身的实际，制定科学的标准和规范。

少数民族档案的资源开发和利用服务，目前尚缺少国家和省级层面的相关指导方针、规范和标准。各民族自治地方的档案部门也没有根据本地区的实际情况制定出相关规则或标准、总体发展目标和规划等，所以当前应借鉴国内外档案信息资源开发利用服务的理论和实践经验，加强对少数民族档案资源开发利用理论与实践的本土化探索和研究，制定适合少数民族档案资源开发利用的整体规划和具体可行的实施方案、工作措施，从整体上提高少数民族档案资源的开发利用水平。

二　提出少数民族档案资源开发利用的方法和技术

1. 按照档案信息化建设的要求，实施档案数字化战略，建立健全数字档案管理规章制度，加强档案数字化工作的组织管理，构建业务流程及系统架构，在此基础上，进一步摸清家底，不断提高馆藏资源开发利用、便捷查询利用服务的质量和水平。

2. 充分利用图书馆、档案馆收藏的档案资源，通过一次、二次、三次、混合型档案文献的加工，通过多种渠道，联合新闻报道、影视拍摄、网络技术等各种媒体扩大宣传面；设立专柜对不同类型的档案资料分门别类进行陈列展出；编制完善的少数民族档案文献目录，在馆藏目录的基础上，编制少数民族档案文献馆藏联合目录，实现档案文献资源的共建共享。

3. 将少数民族档案资源进行信息化处理，将采集到的文字、图片、录音、录像等材料转换成数据库可识别的格式，形成少数民族电子文档和档案数据库，按需建立数据子库，注意保密级别。在数据信息发布与展示方面，要建立完善数字档案馆，强化少数民族档案的数字化存储、多媒体虚拟展示以及搜索功能，还需制定资源管理和共享的标准规范，注意维护少数民族档案资源的知识产权和著作权，做好资源管理和信息共享工作。如果档案馆的技术、人才等不足，那么可以选择有实力的社会力量进行档案数字化外包，但对象的选择一定要慎重，要全面考察对方的实力、经验、信誉等，并依法签订外包合同，明确职责，还要对外包工作进行不定期检查，以保证质量。

4. 随着信息社会的发展和技术的进步，与之相伴的档案数字化、网络化、信息化发展进程也随之加快。近年来，各级档案部门的档案网站已开通运行。通过档案网站公开发布少数民族档案信息，使其得到有效合理的开发利用，是突出馆藏特色的最佳途径。好的网站内容丰富全面、信息更新及时，可以吸引用户的注意力，提高利用率，所以在建设档案网站时，既要利用技术手段保证档案网站提供利用的稳定性，也要做好网页设计，讲究编排和布局，使网站既新颖美观又简洁有序，主题鲜明、内容丰富、布局清楚，以合适的色彩搭配和完备的图文声像给人留下深刻印象。

5. 通过在线展示馆藏、及时发布各类档案信息等方式实现少数民族档案资源的共享。一是提供数据库检索服务；二是提供在线展览服务；三是提供主动推送服务，即利用推送技术（Push）自动搜索、记录用户感兴趣的档案信息，并主动推送到用户指定的地址或终端上的一种服务方式。

三 加大少数民族档案信息开放公布的进度和力度

由于受馆藏结构、保密制度和安全保护等因素的制约，现阶段少数民族地区的档案馆要实现少数民族档案信息的开放公布还存在诸多困难和限制，还有很长的路要走。但图书馆在这方面就没有太多的障碍，可以放开手脚大力开展少数民族文献信息的特色服务，在很大程度上推动了少数民族文献信息的开发利用，迫使档案部门必须进一步加大少数民族档案信息开放公布的进度和力度，以适应民族地区经济社会发展的需要。如楚雄彝族自治州图书馆通过收集、编目、修复、入藏收集反映当地历史文化、社会变迁、民族源流、民俗风情等方面的地方文献，集中力量在馆内创建了一个颇具特色的公共服务机构——"中国·楚雄彝族文献信息查阅中心"，该中心现有彝族文献7667种，21204册，其中彝文古籍的手抄本1032册，彝文古籍83卷，其特点是类型多、数量大、内容丰富，把过去分散在各地的彝族文献汇集到一起，搭建起一个展示、利用和研究彝族文献的平台，在为专家学者的学术研究提供丰富资料的同时，也有利于保护、开发和利用彝族文献，有助于公众学习、了解原生态彝族文化，实现彝族文献资源的共享。

"楚雄彝族文献信息查阅中心"集"收""藏""用"为一体，成为楚雄彝族自治州图书馆的一个亮点、一个精品、一个服务品牌。先后有日本、欧洲及部分国内、省内的专家学者到馆查阅资料，获得了较好的口碑和声誉。该中心充分发挥平台的作用，分以下七大系列进行彝族文献的陈列、展示和宣传：

（1）彝文古籍系列。包括古籍及古籍的复印、影印件。

（2）彝族文化研究系列。包括彝族政治、经济研究。

（3）彝族文学系列。包括小说、诗歌、散文等。

（4）彝族志书系列。省、州、市、全国31个彝族自治县的地方志书，以及包含有彝族内容的村史、族谱、家谱等。

（5）彝族书画系列。包括各种碑帖。

（6）彝族电子文献系列。包括电影、电视的光盘。

（7）彝族摄影艺术系列。包括图片、影集。

该中心还紧密结合地方经济发展、旅游特色产业、民族文化大州建设做好二、三次文献的开发，编制了书目提要、决策信息、民族节庆风情资料等。其中书目提要《楚雄州图书馆馆藏彝族文献书目提要》一、二辑以及专题资料汇编《让历史告知未来——〈人民日报〉上所见到的楚雄》《让历史告知未来——〈云南日报〉上所见到的楚雄》《楚雄州彝族民间壁画》《建筑物摄影集》已经出版。此外，彝族重大节庆、风情集、重要作品集系列已整理完毕，彝族重点剧目已整理出初稿。[1]

四 加快推进少数民族档案的网络信息查询和其他咨询服务

注意利用网站、现代信息技术平台来宣传和开展服务活动。网络是最为经济而又高效的宣传和服务平台，档案馆要建立自己的网站，利用网络发布活动信息，开展诸如数字档案馆、网络档案馆等服务活动，让更多的利用者了解档案馆的活动信息，了解档案馆信息资源，从而提高服务的有效性和针对性。少数民族地区的档案馆利用网络提供的服务手段和服务方式，将服务重点从传统的档案借阅转向高层次的信息服务，能使信息服

---

[1] 普家清：《民族地区图书馆特色资源建设的实践与探索——以楚雄州图书馆创建"楚雄彝族文献信息查阅中心"为例》，《云南图书馆》2012年第1期。

务更有广度和深度。由于边疆少数民族地区经济、文化、社会等条件的制约,加之少数民族语言文字档案的特殊性,少数民族地区的档案资源没有得到科学合理的开发利用,档案馆的服务工作还没有达到数字化、网络化的要求。因此,边疆民族地区档案馆更需要抓住建设数字档案馆的发展机遇,促进少数民族档案资源在网络技术的支持下,根据社会需要,有计划地进行编研和开发,以满足利用者多方面、多层次的需求。紧密围绕文化强省建设,坚持以特色求发展,充分挖掘和利用地方民族档案资源的价值,把云南的非物质文化遗产以及地方特色,用音频、视频资料等存储下来,用动态的展示来展现民族文化的魅力所在。

在少数民族档案网络信息服务方面,"云南档案信息网"的做法为全省档案网站的建设起到了示范作用。省档案局馆从先后征集到的一批反映云南少数民族传统历史文化、日常生产劳动、民风民俗、衣食住行等方面的珍贵档案资料中精选出了13个云南特有少数民族(白族、纳西族、佤族、拉祜族、景颇族、傈僳族、普米族、怒族、德昂族、基诺族、独龙族、阿昌族、布朗族)的相关文字、图片、照片进行编辑整理,在档案信息网上以少数民族专题数据库形式分批次陆续向社会集中展示。[1]该网站依托"网上展厅"及"少数民族专题数据库"等特色栏目,将富有边疆民族特色的、有价值的云南珍贵档案资料主动地提供给社会、供大众浏览,充分展示各民族传统历史文化及富有鲜明时代特色的云南少数民族档案,既为外界了解云南地方特色、了解云南少数民族打开了一扇窗口,也为加快推进少

---

[1] 邵海燕:《加强网站建设 提升网站信息服务能力》,《云南档案》2014年第11期。

数民族档案信息的网上查阅服务迈出了坚实的一步。

五 强化少数民族档案信息的资源整合与社会共享服务

少数民族档案信息资源整合与共享是将现代信息技术运用到档案管理和利用服务中，利用现代技术手段，整合数字化少数民族档案信息资源，以网络环境为平台、以技术支持为手段、以用户服务为归宿、以最大限度发挥档案作用为目标的新型模式。

我国少数民族档案信息资源整合、社会共享才开始起步，整合的指导思想、原则、标准、内容、技术条件、模式等问题还处在探索中。从目前来看，对馆藏少数民族档案进行"摸底"，加快馆藏少数民族档案信息资源的数字转换，同时注意电子档案的增长，这些都是实现少数民族档案信息资源整合的重要内容。在整合过程中，开展数字化、网络化建设、构建数据库，都将有助于少数民族档案信息资源共享的有效实现。

少数民族档案信息资源共享建设是基于数字化、网络化等现代信息技术条件的出现、发展及成熟提出来的。现代信息技术条件的发展为少数民族档案信息资源共享提供了强有力的技术支持，打破了由于地域隔绝而导致的信息传播接收不畅、信息闭塞、信息贫困等问题。无论现在还是将来，要实现少数民族档案信息资源的共享，都离不开新技术、新媒体的支持和运用，它必将贯穿少数民族档案信息资源共享建设的全过程。

用户服务历来是档案管理工作的重要内容之一，同时也是满足利用者需求的有效方式。在少数民族档案信息资源共享理念下，少数民族档案信息资源的提供利用方式要与网络信息服务的特点相适应，也就是将传统的服务模式转化为网络平台的服务模式，即基于互联网模式，建立少数民族档案信息网络共享平台。近年来，由于微博、微信、App客户端等具有形式特殊、方便快捷、互动性强、传播范围广等特点，已逐渐被档案机构所采用。因此可以通过建立相关网站、微信公众平台、微视频、微电影等方式服务大众，将档案信息资源共享向"三微一端"（微博、微信、微视频和客户端）等社交媒体、手机媒体、网络媒体拓展，让档案服务全天候、亲民化。

边疆民族地区历史悠久、文化底蕴深厚，民族地区图书馆、档案馆保存有大量珍贵的少数民族文献、古籍、地方志、历史档案等，如何将这些宝贵的精神财富贡献给需要的利用者，不仅是民族地区图书馆、档案馆文献档案资源管理的重要任务，也是保存世界文化遗产和世界记忆遗产的一项重要使命。任何一个图书馆、档案馆都不可能独自拥有"大而全"的民族文化成果，因此需要加强馆际间的合作与资源共享，大力推进西南地区特色数据库的建设与共享。

云南少数民族特色数据库经过近20年的建设和发展，现在已有很多成功的例子和做法，为少数民族档案信息资源的开发利用做出了贡献。随着时间的推移，这些数据库作为未来辐射南亚、东南亚"人文交流中心"的重要信息平台将会发挥越来越大的作用。以下略举几例：

（1）云南省图书馆已建成《云南少数民族专题数据库》（该数据库通过文字、图片等方式详细介绍了云南25个少数民族，共有全文数据3586篇）、《云南旅游数据库》、《云南民族风情资料数据库》、《滇越铁路史料汇编》、《云南15个独有少数民族多媒体资源库》、《印象老昆明组图数据库》、《云南省现当代地方文献联合目录汇编》（新建第四、五、六辑数据库，录入18万字，内容包括1974年以来云南地方出版物、25个少数民族文字5万字）等，此外还有《云南历代名人史料》《云南历代书院沿革》《明清云南进士名录》《云南省新旧方志》等特色数据库。

（2）大理州图书馆将长期收集、整理、保存的馆藏"南诏大理国"文献资料转化成数字化信息，建立起具有地方民族特色的"南诏大理国研究馆藏专题目录索引数据库""南诏大理国地方文献信息资源数据库"（南诏大理文献专题数据库），具有很高的学术价值和社会价值。目前已向全文、专题、特色数据库延伸和发展，这也是高质量、深层次、多途径开展特色服务的一个体现。[①]

（3）红河州图书馆与云南省图书馆合作共建哈尼族多媒体数据库，把分散零乱的哈尼族宗教、节庆、医药等文字、图片、音频、视频等资料进行系统化、有序化整理、整合和保存，通过网络进行传播使用，为红河州的政治、经济、教育以及社会发展提供服务。数千年来，哈尼族的语言、历史、宗教、民俗、诗歌等都是靠"莫批"等专人口耳相传，直到1957年才创制了以拉丁字母为基础的拼音文字，为原汁原味地呈现哈尼族口传文化，哈尼族多媒体数据库制作组不辞辛劳，辗转墨江、元江、普洱等哈尼族聚居地，用各种高科技手段记录保存下许多珍贵资料。[②]

大数据时代，网络环境更加复杂，在数字化技术、信息存

[①] 徐琨玲：《少数民族地区图书馆多元文化服务思考》，《云南图书馆》2013年第4期。

[②] 范云衫：《少数民族地区图书馆多元文化服务探析》，《云南图书馆》2013年第4期。

储技术、数据库技术、网络通信技术与超文本、超媒体技术的支撑下，网络信息资源大量产生，它使得档案馆的资源基础突破了传统馆藏档案资源的局限，成为重要的虚拟馆藏，使档案馆提供的档案信息资源更加丰富多彩。但要充分开发和利用网络信息资源，实现网络信息资源的共享并非易事。目前互联网上的少数民族信息较少，网络信息资源管理混乱，网络信息资源的分布和流通很不均衡，其价值的实现受到诸多因素的限制。因此，应下大力气抓紧网络信息资源建设，加强其管理。一是加强对网络档案信息资源的采集，推动信息资源的开放与共享；二是对信息资源进行深加工，主要采取分类法、专题法和软件法三种方式，使之更加有序化，并最终形成符合用户需要的知识库；三是加强网络知识服务。数字档案馆应在人工智能、数据挖掘等知识管理工具和技术的协助下，尽快建立网上知识与信息服务体系。[①]

第三节　创新少数民族档案资源开发利用的工作机制

一　资源整合机制

我国当前档案资源的整合大体可分为实体档案资源整合、虚拟档案资源整合和复合式档案资源整合三大类。少数民族档案资源的整合属于我国特色档案资源的整合模式，也分为实体档案信息资源整合、数字档案信息资源整合、网络档案信息资源整合三大类，整合机制的构建应包括整合的指导思想、原则、

---

① 闫淑琴：《谈谈数字图书馆的建设与管理》，《云南图书馆》2014年第4期。

内容、方法、途径、模式、技术支持及相关标准等方面。

二　开发合作机制

实践证明，少数民族档案资源的开发合作不仅是必要的，也是可行的。从必要性来看，当前边疆多民族地区档案馆（室）收藏的档案资源日益增长，有待开发和利用。但档案馆（室）的人员编制十分有限，从事编研利用工作的人手就更少，且缺乏合作思维、自我封闭，导致开发工作进展缓慢甚至停滞不前，少数民族档案资源开发状况堪忧，与社会公众日益高涨的档案信息需求不相适应。从可行性来看，不仅有大量理论和政策作为依据，而且社会力量积极主动参与少数民族档案典籍的整理研究工作，取得了大量成功的经验和做法，涌现出许多成功的案例和典范，国外的档案联合开发也为我们提供了很好的借鉴和参考。从建立有效的联合开发机制和模式来看，一是要明确开发的目的、对象和主体，即为何开发、开发什么、谁来开发，推动开发合作顺利进行；二是要理顺各方的合作关系，进行顶层设计，分清权责利关系，从而搭建起良好的合作框架和平台；三是要取长补短，制定好规划和制度，避免不良现象和严重后果的出现，聚合各方面的信息资源和先进技术，发挥各自的优势，形成合力；四是立足需求、注重导向，把握好方向和尺度，遵循市场运作规律，实现合作共赢，走出一条可持续发展的开发利用工作新路子。

笔者在此提出一个大胆设想和建议，即云、贵、川3省签署合作协议，合力打造云贵川档案事业协同发展平台。根据合作协议，云贵川3省档案局建立联合会议机制，组织西南3省省会城市群各级档案部门，共同加强民族档案资料的手机整合，联合开发民族档案信息资源，协同培养民族档案专业人才，为云贵川3省民族地区发展规划的实施提供优质服务。

三　社会共享机制

（1）以政府部门为主导，形成各部门协同推进的长效合作机制。由省档案局负责统筹，加强与地、州、市相关部门的沟通衔接，密切配合、协调联动，指导及检查工作实施进度和完成情况。

（2）建立少数民族档案专题数据库或专题网站，实现信息资源共享。如建立地方民族文献信息资源数据库、地方民族文化遗产图文专题数据库、地方民族音像遗产专题音影资源数据库、少数民族口述历史档案数据库、少数民族非物质文化遗产项目资源数据库等，提供网络全文检索和利用服务。为了提高少数民族档案数字化成果的共享性，不管是专题档案数据库还是专题网站等数字化成果，在建设中都要坚持安全性和易用性相结合。易用性是指平台要查询方便、操作简单，安全性是指要保障平台的信息安全，可以通过查杀病毒、加密权限、设置防火墙等方式进行维护。只有坚持这两点，将少数民族档案信息资源进行数字化整合，才能有效提高少数档案数字化成果的共享性。

（3）依托重大工程建设项目，实现信息资源共享。将少数民族档案信息资源的开发利用工作与我国目前实施的"中国档案文献遗产工程""全国文化信息资源共享工程""中国口头文学遗产数字化工程""边疆万里数字化长廊建设工程""文化共享网络建设工程""'一带一路'民族文化大数据"等大型工程相结合，甚至纳入一个大开发、大服务体系中去，以大数据模式加强共建共享。

（4）借力档案信息化的建设成果，实现信息资源共享。联合口头与非物质文化遗产保护、少数民族文化资源数字化建设、民族古籍文献整理研究、民族语言文字翻译、民族新闻出版、民族广播影视等诸多行业领域，共同构建一个广泛合作的社会共享机制。

四　人才培养机制

档案部门有着这样一个慨叹："既懂信息技术又懂档案专业的人才太少了。"这个现实是许多单位当前和今后一段时期不得不面临的状况。一方面是大数据时代、"互联网＋"背景下的档案工作需要大量高素质的档案人员；另一方面是档案专业人才的培养不能适应档案工作发展的需要。尤其是在"一带一路"建设中，在面向南亚、东南亚国家的档案信息服务中，专业语言需求得不到满足。语言相通是面向南亚、东南亚开展档案信息服务的基础条件，目前与南亚、东南亚接壤的广西、云南等西南地区高校正在大力开展区域性小语种教育，但从事档案工作的语言服务人才仍然严重匮乏，因此，必须提高档案人员的开发和服务能力，加大对南亚、东南亚国家小语种人才培养力度，对汉语或小语种档案信息资源进行翻译等服务。随着现代化、信息化设备、技术手段在档案领域的广泛应用，要求档案人员不仅要成为传统档案管理工作的行家里手，而且要成为掌握信息管理、知识发现、知识挖掘技术、方法的新型人才和多元复合型人才。同时档案人员还必须切实转变观念，增强服务意识。具体来说，档案人员应当具备合理的知识结构以及良好的知识素养、高效的信息处理能力以及熟练的业务能力。对于开发利用来说，只有不断提升档案信息资源的开发和服务能力，才能做好这一高层次工作。

具体措施从以下几个方面入手：首先，培养本科生，为本地区和其他民族地区基层信息服务机构培养专业信息资源组织与管理人员。其次，培养硕士研究生，一是可承担"国家综合档案馆"的各项业务工作，为全面实现国家综合档案馆服务功能、拓展其服务辐射半径提供专业人员；二是可承担边疆民族地区基层图书馆、档案馆等信息服务机构人员的培训任务，使本区域基层图书馆、档案馆的业务水平得以较快提高；三是可形成跨区域综合图书馆、档案馆理论与应用研究人员，为创新团队培养梯队。最后，在"图书情报与档案管理"一级学科中开设"民族信息扶贫"研究方向，招收博士研究生，待条件成熟后与其他学科共同申报博士点，实现扶贫项目博士点的突破。形成边疆民族地区发展与扶贫攻坚中信息服务人员的培训、本科、硕士、博士四级人力资源保障机制。

民族档案教育是我国当代档案教育工作中的一个突出特色和亮点，云南大学早在20世纪80年代末就开始了这方面的尝试和摸索，1988年9月率先在中国民族史硕士、博士点设立"民族档案史料学"研究方向，开设"民族档案史料学"课程，招收主要从事民族档案史料研究的硕士、博士研究生，20多年来培养了一批高层次民族档案人才。同时鼓励和支持档案学、图书馆学专业的青年教师积极开展民族档案史料和地方特色文献的教学和科研工作。在老、中、青三代师生的共同努力下，档案学系于1998年、2006年先后获得档案学硕士点、博士点，并且"民族档案学"成为招收硕士、博士研究生的研究方向之一，创建了以民族档案整理与研究和档案信息资源开发利用为核心的研究体系，使民族档案学成为中国当代档案学领域中的一个突出特色和新兴学科。其中的"少数民族档案研究"方向立足于边疆民族地区丰富深厚的少数民族文化资源，对少数民族档案进行抢救保护、资源建设、有序化管理、数字化建设，少数民族濒危文化遗产建档保护及其信息资源发掘利用等多方面研究。"档案信息资源开发利用"方向基于历史档案、地方特色档案与民族档案管理基础理论与实践，对各类档案信息资源，尤其是少数民族档案信息资源进行科学、有序的整合，并通过不同的编纂公布策略来实施开发利用。

回顾云南民族档案教育的探索历程，在特色之路的发展上，我们的做法是：始终坚持特色化发展思路，以民族文化大省建设和"档案强省"为契机，立足边疆、服务云南、面向西部、辐射全国，在学科创建、发展中突出云南边疆多民族地区的文化资源优势和区位优势，努力在边疆历史档案学、民族档案学、地方文献学、民族史料学、边疆民族地区信息资源管理学等教学和科研方面形成自己的鲜明特色。

五 资金保障机制

可以考虑将项目经费纳入省重点档案开发与利用经费范围内，由省对各个项目实施单位给予一定补助，各项目实施单位协调各级财政，配套必要经费，为项目实施提供资金保障。即资金的安排和使用按照省级重点档案开发与利用经费管理办法管理，从年度省级档案开发与利用经费中安排，专项用于少数民族档案信息资源开发与利用工作。各地、州、市档案局按照省级重点档案开发与利用经费管理办法的规定，积极争取和落实本级地方财政配套资金。

第四节　打造少数民族档案资源开发利用体系的新模式

档案管理人员应改变传统观念和管理模式，紧密结合实际，不断开拓创新，积极主动地探索多元化的开发利用方式，使档案开发利用工作逐步实现从原始档案史料的编纂向档案信息资源的开发转变，从传统型模式向现代化模式转变，从官方模式向社会模式转变。当然，在档案的开发利用中，传统的模式也不可少，但要有所选择地配合新型的智力型、个性化模式，才能使开发档案信息资源的效益最大化。

一　少数民族口述历史档案资源开发利用的新模式

口述历史档案是指为了保留历史记忆而由访谈者利用录音、录像等现代记录手段对口述者的回忆内容及采访过程进行有目的的收集、记录、整理而生成的结果。近年来随着人们对口述历史档案认识的深化，口述历史档案也渐渐引起了档案界的重视。对档案馆来说，收集口述档案可丰富馆藏、改善馆藏结构。档案馆馆藏以纸质档案为主，缺少特色，而口述档案的主要载体形式为声像档案，可以使档案馆以纸质档案为主的馆藏结构得以改善。且与现行档案相比，口述档案显得新颖、生动，它以通俗的语言反映少数民族历史，带有显著的民族特色。

为了再现真实的历史原貌，从少数民族口述历史档案中挖掘珍贵史料、守护文化遗产，是档案馆开发利用少数民族口述历史档案的目的所在。档案馆应立足馆藏资源，借鉴民族学、人类学的研究方法，广泛开展田野调查，科学制定出开发利用少数民族口述历史的计划，以便有效确保少数民族口述历史档案开发利用工作的顺利开展。

(一) 少数民族口述历史档案的开发

这主要包括三个方面：

一是开发少数民族口述历史档案的前期准备。在开展少数民族口述历史档案开发工作之前，应充分了解国内外口述历史的最新研究动态和成果，掌握相关基本理论和方法。开展少数民族口述历史档案工作的目的是构建相关民族问题和民族史志研究的特色馆藏资源，所以收集的少数民族口述历史档案不应当是那些人尽皆知的东西，而应当是其他图书馆或相关机构无法提供的相关资料。因此，档案馆在开展相关工作之前，应结合实际情况和当地民族特色构建合理的少数民族口述历史档案类型和目标，并确立相应的评判标准，以确保少数民族口述历史档案的采集质量。

二是收集、整理和保管已有的少数民族口述历史档案。以往在对少数民族历史文化进行抢救保护和调查研究的多种活动中，已经形成了部分口述历史的成果，包括各类文字报告、录音资料、录像资料、图片资料等。图书馆、档案馆应根据本馆已有馆藏资源的配置状况，有针对性地收集相关少数民族口述历史档案，这既可以优化本馆馆藏结构，也是对民族口传文化的抢救，还可以丰富和补充档案信息资源。

三是自主采集和开发少数民族口述历史档案。少数民族传统文化丰富多彩，通过代际传承，至今仍保存有不少传统的民族民间文化资源，并构成了各少数民族日常生活的重要内容，如传统医药、工艺、歌舞、语言、宗教等。图书馆、档案馆可根据馆情，有计划地开展少数民族口述历史档案采集工作。如吉首大学图书馆以湘鄂渝黔地区少数民族为依托，有计划地采集当地少数民族的口述历史文献。汕头大学图书馆是国内最早开始系统化收集客家民族口述历史文献的图书馆，该馆以潮汕地区的客家文化为依托，有针对性地收集极具地方文化特色的俚语歌谣、民俗风情、客家话等历史资料，取得了良好的社会反响。[①] 这一特色资源对于推动当地极具特色的潮汕文化及客家文化的研究开发起到了重要作用。

(二) 少数民族口述历史档案的利用

抢救保护少数民族口述历史档案最终目的不在于收藏，而在于对其广泛的利用。在公布利用阶段，首先要对少数民族口述历史档案进行内容描述，以方便用户查阅，如在不同类型的档案收藏过程中，为保证口述历史的系统性和完整性，在对相关档案的著录过程中，为同一受访者的录音、影像视频、访谈稿、图片、信函等资料提供有效链接，便于用户在利用中能快速找到相关资料；其次，以往图书馆、档案馆的口述历史主要用于学术研究、陈列展览、编研出版等层面，利用形式较为单一，为了扩大少数民族口述历史档案的应用范围，图书馆、档案馆可通过开办培训班、制作纪录片、开展宣传推广活动等方式，向用户推荐和介绍本地民族发展史和民族传统文化，拓展其影响力；再次，对本馆收集的少数民族口述历史档案，按图书馆、档案馆业务工作要求开展分类、整理、编目工作，借助现代信息技术手段，对采集的少数民族口述历史档案进行格式转换，逐渐形成极具特色的档案专题数据库，实现远程检索、

---

① 陈晓东：《图书馆对民族口述历史文献的开发和利用》，《云南图书馆》2013年第4期。

资源共享，最大限度地拓展少数民族口述历史档案的应用范围和影响力，提高社会和经济效益。

云南省档案部门从本省15个独有少数民族入手，积极探索少数民族口述历史档案的开发利用模式，通过多种公布利用手段，充分发挥口述历史档案不可替代的独特价值和作用，为民族口述史、地方口述史的研究提供服务。

二 少数民族非物质文化遗产档案资源开发利用的新模式

根据民族地区国家级、省级和地市级非物质文化遗产项目及传承人，通过田野调查和录音、录像，采集、剪辑、编制、制作和存贮非物质文化遗产信息和光盘影像。

非物质文化遗产档案资料的收集，除了通过各级非遗中心、文化馆、图书馆、博物馆以及各地乡镇文化站收集外，还可以从音像出版社、地方文化遗产部门、新闻电视中心、民间艺术社团、旅游演艺公司、个人等途径入手，重点项目要重点收集，抓住边疆民族地区开展的重大艺术展演活动、重要文化纪念活动、民族节日庆典进行收集，使之较完整齐全地收集到民族地区独具特色的非物质文化遗产档案文献资料。

非物质文化遗产档案资料的整理，可按照艺术形式和载体形式进行整理分类。艺术形式的分类，可分为表演艺术类、造型艺术类、民风民俗类和文物古迹类；载体形式的分类，可分为文字记录、声像记录、音频记录、视频记录、照片记录。对非物质文化遗产档案资料的存贮，可建立非物质文化遗产档案文献专柜、设立专案，做到重点项目重点存贮，并建立非物质文化遗产档案资源音视频数据专库。对非物质文化遗产实物档案的利用，可建立三维动画虚拟模型，将传统技艺在播放器中进行360°的全方位展示,让传统技艺传承实现现场教学,令观众亲身感受到非物质文化遗产的魅力。

(1) 建立非物质文化遗产档案资料专柜,就是把非物质文化遗产档案资料从一般的地方文献中分离出来,另立专柜或专室加以存放保护和利用。

(2) 设立专案,就是登记,内容包括非物质文化遗产档案文献项目名称、收集人、形式、图片、声像、音频、视频等附加材料。

(3) 重点项目重点保存,就是分清主次和级别,即国家级、省级、州市级的非物质文化遗产项目要重点保存,对这些项目的介绍要更加详细,资料的收集要更加完整,必要时也可以设立重点项目的保护专柜。

(4) 建立非物质文化遗产档案数据专库,即利用现代信息技术,搭建非物质文化遗产档案数据库与信息共享平台,开展多模式监测与评估、大数据密集型计算和信息挖掘。大理大学图书馆结合大理民族地区丰富多样的非物质文化遗产资源,多年来注重收集整理研究非物质文化遗产文献资源,现已建成"南诏大理文献专题数据库""大理非物质文化遗产文献目录专题数据库""大理非物质文化遗产声像资料光盘库""大理文化遗产图文图片数据库"等,丰富了馆藏特色文献信息资源,为学校教学科研和人才培养以及地方信息化需求,提供了有力的文献资源保障。①

大理州图书馆从2011年开始集中优势,建立与非物质文化

---

① 李新:《民族地区高校图书馆非物质文化遗产特色声像资源建设发展研究》,《云南图书馆》2016年第2期。

遗产文献相补充的"大理州非物质文化遗产资料库""白族非物质文化遗产项目资源数据库",多方征集大理非物质文化遗产传承人的作品实物文献档案,以体现地方文献的专业化和独特的馆藏地方文献资源体系,实现文献资源服务于大理民族文化建设的最终目标。

为保证征集工作的顺利开展,大理州图书馆于2011年年底从财政预算中拨出10万元经费,专门用于收藏非物质文化遗产传承人的代表作实物及"活态文化"物化为有形的文献,包括口述录音、摄影、摄像、电子文档等,[①]并组建了有一定专业背景的地方文献专家、摄影艺术家、财务人员等专门收集、采购工作小组,由馆领导亲自带队,走村入户,亲临全州12个县市收集省级以上非物质文化遗产代表性传承人的作品,进行实物文献查访,并摄制影像资料。目前征集到的实物文献主要有实物作品(包括木雕、石雕、刺绣、布扎、剪纸、金属工艺、民间乐器、民间美术、白族扎染、甲马纸、泥制儿童玩具等作品)、图纸、影音资料等,为每一位传承人建立个人档案,并为此设立专门的收藏室和展览厅,以供收藏和展览,自建数据库作为馆藏特色文献,真正做到"人无我有,人有我优,人优我特"[②]。

在非物质文化遗产档案专题数据库的建设中,对非遗项目代表性传承人的建档保护也是一项不可忽视的工作,全省各级档案部门应加强对非物质文化遗产项目代表性传承人档案资料

[①] 施捷华:《文化多样性保护与图书馆特色馆藏资源建设——以大理州图书馆为例》,《云南图书馆》2013年第4期。

[②] 徐琨玲:《少数民族地区图书馆多元文化服务思考》,《云南图书馆》2013年第4期。

的收(征)集,进一步开展民族民间艺人及非遗项目代表性传承人档案资料的整理和公布工作。

第五节 加强少数民族档案资源开发利用的学术研究

一 总结实践经验,提升理论高度

早在20世纪80年代初,党中央、国务院就先后下发了关于我国文献整理的两份重要文件,它们是:《中共中央关于整理我国文献的指示》和《国务院办公厅转发国家民委关于抢救、整理少数民族文献的请示的通知》。这两个文件的颁布保证了此后民族古籍文献整理研究工作既无政治风险,又名正言顺,意义重大而深远。

改革开放以来,党和政府对我国少数民族地区档案工作的重视和支持前所未有,我们正赶上建设和发展民族档案文化千载难逢的大好时机。就民族档案遗产而言,我们应该充分利用现有的良好条件,一方面要进一步搞好民族档案遗产的保护和传承工作,让民族档案遗产真正传承于民间、存活在民间;另一方面要进一步搞好对这项珍贵遗产的多视角研究,推出更多有学术深度的成果,以进一步揭示它的重大利用价值。

信息社会和数字时代的到来对档案开发利用提出了新的更高要求,各级档案行政管理部门要顺应新时代档案工作从传统走向现代,从重视档案实体的保管和保护转向重视档案信息的数字化存储和为社会提供利用服务的趋势,把握"十三五"时期国家重点项目的支持方向,争取国家项目支持,拓宽思路,抢抓机遇,结合时代特征,围绕党委、政府中心工作,服务大局、服务民生，大力推进档案文化产品的开发利用工作。要认清形势，转变观念，改进利用方式，完善服务手段，认真总结改革开放以来开放历史档案的成功经验和做法，按照《云南省档案事业发展"十四五"规划》中提出的目标、任务和要求，为少数民族档案资源开发利用工作和云南档案事业发展"十四五"规划开好头、起好步。

自1980年5月党中央书记处作出开放历史档案决定后，云南省的历史档案开放利用工作与全国一道，也经过了40多年的发展历程，这一路走来，既有成功的经验，也有失败的教训。在新形势、新理念下，如何加强和改进少数民族档案资源开发利用工作，使边疆民族地区档案事业再上一个新台阶，是档案人需要认真思考的大问题，必须在认真总结经验教训的基础上，以档案社会观、档案多元观、档案利用观（档案服务观）为引领，以服务民生为引领，拓展领域、拓宽思路、创新模式、丰富渠道，全力推进边疆多民族档案资源开发利用工作，沿着前人开辟的道路继续奋勇前进。

二 构建全方位、多层次档案利用体系

认真贯彻落实国家档案局关于"建立方便人民群众的档案利用体系"以及云南省委、省政府关于"重视文化遗产和记忆遗产保护，加强档案文献保护和利用，传承云南优秀传统文化"的指示精神，大力开展新时代下少数民族档案开发利用工作的原则、方法、技术、路径等问题的研究，为科学构建全方位、多层次的"档案利用体系"做出自己的理论贡献。

坚持社会主义先进文化的发展方向，牢牢把握积极主动服务这个主题，以档案信息资源开发利用为核心，以弘扬和传播

独特深厚的民族档案文化为己任，不断拓展云南少数民族档案信息资源开发的深度和广度，建立灵活多样、协同合作的档案开发利用机制，形成特色鲜明、内涵丰富的档案文化产品体系。

三 加强"少数民族档案开发利用"专题研究

紧密结合"档案利用学"前沿理论与云南省的资源和区位优势，认真分析研究少数民族档案资源开发与利用工作的目标、任务、特点和规律，积极开展民族档案信息传播、民族档案文化传承等方面的研究，为深入开展"少数民族档案开发利用"的学术研究、解决开发利用工作中面临的一系列理论与实践问题贡献自己的才智和力量。

以学术研究助推学科建设的发展，即充分利用民族档案资源深厚的历史积淀、文化价值以及云南地处祖国西南边陲，是中国少数民族种类最多、特有民族最多、跨境民族最多、人口较少民族最多的省份这一独特优势，开展全面深入的多方合作，积极探索、研究档案资源开发利用工作的理论与实践，并将学术成果转化为助推"民族档案学"学科建设的理论依据，全面推动少数民族档案资源开发利用的发展，为边疆民族地区档案事业的跨越式发展提供新动力。

结　语

一　几点启示

云南省是我国少数民族最多的省份，少数民族繁荣发展、团结进步的历史是云南民族史、地方史、边疆史的重要组成部分，这些历史都以档案史料的形式记录和保存下来，并流传于后世。做好优势和特色档案资源的开发与利用工作，从档案的视角传承和发展云南各民族的历史文化遗产，是一项很有必要、很有意义的工作。

当前，云南正处在"三个发展"（科学发展、和谐发展、跨越发展）、"三个定位"（民族团结进步示范区、生态文明建设排头兵、面向南亚东南亚辐射中心）和建设"信息边疆"的关键时期，为主动融入和服务国家"一带一路"倡议，助力云南省建设面向南亚、东南亚辐射中心的"人文交流中心"，成为"信息边疆""文化长廊"，为"一带一路"倡议和沿边开放开发的扎实推进提供坚实的智力支持，云南省委、省政府高度重视档案征集工作，于2013年批准云南省档案局设立档案征集整理处，要求大力加强和改进新形势下的档案工作。在此契机下，如何合理、适度地开发利用云南少数民族丰富多彩的档案信息资源，倾力培育和打造少数民族档案文化品牌，充分发挥其社会影响力和辐射力，成为摆在云南档案人面前的一项重要课题。

为此，本书以《云南少数民族档案信息资源开发利用研究》为题，以近年来云南省档案部门在大力开展少数民族档案资源建设、全力打造少数民族档案品牌中取得的成绩、经验和做法为依据，针对云南多元民族档案工作的现状、特点和规律，结合最新的研究动态和学术成果，对云南少数民族档案信息资源开发利用的原则、内容、方法、途径以及一些具体措施进行了初步探讨，总结了云南少数民族档案信息资源开发利用的成功经验和做法，并从这一独特的"云南经验"中得出以下几点启示。

（1）档案工作要在服务云南省加快建设我国面向南亚、东南亚"辐射中心"的"人文交流中心"上有积极作为。各级档案部门要顺应时代潮流，抓住机遇、找准定位，充分发挥档案"存凭、留史、资政、育人"的作用和辐射功能，将档案工作融入云南"三个发展""三个定位"和建设"信息边疆""文化走廊"的大格局中，使边疆民族地区档案事业的发展迈上一个新台阶。

（2）档案工作要在少数民族口述历史档案的开发利用中有积极作为。档案部门要积极探索少数民族口述历史档案开发利用的机制和模式，通过开展档案编研、举办档案展览、制作专题片、网上公布、建立数据库等多种开发利用方式，向社会公布可以公开的访谈内容，深度挖掘少数民族口述历史档案的内涵和价值，推动民族口述档案学科的创建与发展。

（3）档案工作要在非物质文化遗产档案的开发利用中有积极作为。档案部门要主动与各级非物质文化遗产中心加强交流合作，利用他们掌握的非物质文化遗产档案信息资源，通过联合开展科研项目研究、编辑档案文献出版物、举办非物质文化遗产档案展览等，提高非物质文化遗产档案抢救与保护工作的层次，扩大社会影响力。

（4）档案工作要在少数民族档案信息资源整合和开发利用中有积极作为。档案部门应进一步加强对少数民族档案工作的监督指导，主动为民族、宗教工作征集、整理相关档案资料，确保档案工作与民族、宗教工作同步开展。要与有关部门共同构建起相对完备的档案信息资源体系，深度挖掘档案信息资源，为云南经济社会发展提供优质的信息和智力支撑。

二　研究不足与展望

（1）笔者在本科和硕士研究生阶段都没有接触过档案学专业，对档案信息资源开发利用方面的知识掌握不够，特别是对云南少数民族档案、民族地区档案工作和民族档案事业知之甚少，加之自身的学识、能力和水平有限，在本书的资料收集和调研、写作中难免出现诸多错漏和缺憾。

（2）由于云南少数民族档案信息资源开发利用工作起步较晚，理论与实践的基础薄弱，缺乏可供学习和借鉴的现成的经验和做法以供参考和借鉴，加之与本书相关的研究成果较少、分布零散，这些都给本书的研究带来了不小的压力，导致对资料的掌握不够丰富翔实，对问题的分析缺乏深度。

（3）对本书涉及内容的研究需要丰富的实践经验，需要深刻领会、准确把握档案利用观、民族档案观的思想内涵，需要多学科的理论知识和多种研究方法的综合运用，本书的研究工作很难达到这样的要求。

（四）分析和评价云南少数民族档案信息资源开发利用的现状、成就及存在问题需要大量深入的实地调查和实证研究，需要许多单位部门的配合和支持，联系、互动、咨询的难度很大，这些都使本书的调查研究不够全面深入。

我国少数民族档案资料丰富多样，古籍、史料、文献、文物等民族文化遗产更是博大精深，蕴含着大量的文化信息和精神内涵，是取之不尽、用之不竭的信息资源，是社会主义先进文化建设的重要组成部分，仅以非物质文化遗产资源为例，目前已达87万项，面对如此庞大的资源，我们究竟开发利用了多少？又有多少开发利用成果产生了社会影响力和推动力？目前，大量的社会、人文、历史信息资源还没有转化为档案信息资源，而已转化为档案信息资源的受封闭期限制，又不能尽快向公众开放和提供社会利用。从这个意义上讲，我们面临的档案信息资源开发利用任务仍相当艰巨，而单靠档案部门一家的实力，要完成如此艰巨的任务显然是力不从心，因此很多想法只能是纸上谈兵，有的理论观点严重脱离工作实际，不能很好地用于指导实践。由此看来，我们今后的研究工作同样也是任重而道远。

参考文献

一 著作

白刊宁、杨增辉：《红河土司文物》，云南民族出版社2009年版。

陈海玉：《少数民族科技古籍文献遗存研究》，中国社会科学出版社2015年版。

陈海玉：《西南少数民族医药古籍文献的发掘利用研究》，民族出版社2011年版。

陈永生：《档案信息资源开发利用及效益研究》，广东人民出版社1999年版。

陈子丹：《民族档案史料编纂学概要》，云南大学出版社2009年版。

陈子丹：《民族档案学专题研究》，云南大学出版社2013年版。

陈子丹：《民族档案研究与学科建设》，云南大学出版社2016年版。

陈子丹：《云南少数民族金石档案研究》，云南科技出版社2001年版。

国家档案局技术部：《档案信息资源开发利用试点经验汇编》，

中国档案出版社 2008 年版。

韩宝华:《档案文献编纂学教程》,中国人民大学出版社 1999 年版。

何永斌:《西川羌族特殊载体档案史料研究》,巴蜀书社 2009 年版。

胡鸿杰:《档案文献编纂学》,中国人民大学出版社 2012 年版。

华林:《西部散存民族档案文献遗产集中保护研究》,中国社会科学出版社 2017 年版。

华林:《藏文历史档案研究》,云南大学出版社 2006 年版。

华林:《傣族历史档案研究》,民族出版社 2000 年版。

华林:《西南少数民族历史档案管理学》,民族出版社 2001 年版。

华林:《西南彝族历史档案》,云南大学出版社 1999 年版。

黄坚:《档案信息开发概论》,福建科技出版社 1995 年版。

黄子林:《档案信息资源开发》,湖南科学技术出版社 1995 年版。

李国文:《云南少数民族古籍文献调查与研究》,民族出版社 2010 年版。

刘耿生:《档案开发与利用教程(第二版)》,中国人民大学出版社 2010 年版。

刘耿生、梁继红:《档案文献编纂学》,中国人民大学出版社 2007 年版。

木光:《木府风云录》,云南民族出版社 2006 年版。

任汉中:《中国档案文化概论》,中国档案出版社 2000 年版。

仝艳锋:《民族档案文献遗产保护研究》,山东大学出版社 2013 年版。

王英玮:《档案文化论》,中国人民大学出版社1998年版。

颜海:《档案信息资源开发利用》,武汉大学出版社2004年版。

杨国清:《古城记忆:丽江古城口述史》,当代中国出版社2014年版。

杨林军:《纳西族地区历代碑刻辑录与研究》,云南人民出版社2015年版。

杨中一:《中国少数民族档案及其管理》,中国档案出版社1993年版。

云南省文物管理委员会:《南诏大理文物》,文物出版社1992年版。

张保华:《云南文化资源研究与开发》,云南民族出版社1994年版。

张斌:《档案价值论》,中央文献出版社2000年版。

张会超:《档案开发利用教程》,辽宁大学出版社2014年版。

赵德美:《云南少数民族历史档案数字化建设》,社会科学文献出版社2014年版。

郑慧、朱兰兰:《中国少数民族档案文献珍品研究》,世界图书出版公司2013年版。

周晓英:《档案信息论》,中国人民大学出版社2000年版。

二 论文

(一) 期刊论文

陈海玉:《少数民族特色医药档案资源库建设刍议》,《兰台世界》2011年第21期。

陈玲:《浅谈少数民族档案的开发利用》,《云南档案》2003年第2期。

陈园、段睿辉：《论傣族贝叶经档案的发掘利用》，《云南档案》2011 年第 5 期。

陈正娇、金慧：《对民族档案编研中田野调查的几点思考》，《文山师范高等专科学校学报》2009 年第 3 期。

陈子丹：《白族档案史料研究》，《中央民族大学学报》2002 年第 2 期。

陈子丹、解菲：《对少数民族档案编研的几点思考》，《档案学通讯》2006 年第 5 期。

陈子丹：《丽江木氏土司档案文献评述》，《古籍整理研究学刊》2004 年第 6 期。

陈子丹：《傈僳族档案文献及其开发利用》，《档案学通讯》2008 年第 3 期。

陈子丹：《纳西族档案史料研究》，《中央民族大学学报》2000 年第 3 期。

陈子丹：《纳西族石刻档案探析》，《西南民族学院学报》1999 年第 3 期。

陈子丹、脱凌：《佤族档案文献及其开发利用》，《档案学研究》2010 年第 6 期。

陈子丹：《云南少数民族档案编纂史略》，《楚雄师范学院学报》2004 年第 5 期。

陈子丹：《南诏大理国的文书档案》，《华夏文化》2004 年第 3 期。

董甜甜：《论白族民间传说故事口述档案的开发利用》，《云南档案》2009 年第 1 期。

杜钊：《民族文化视角下的白族档案样态解读》，《云南档案》2011 年第 3 期。

顾野：《电子档案背景下开发档案文化产品策略》，《云南档案》2014年第1期。

胡莹：《东巴文历史档案编纂策略初探》，《云南档案》2012年第9期。

胡莹、刘为、朱天梅：《面向用户的少数民族档案开发利用实践探索》，《档案学通讯》2017年第2期。

胡莹：《纳西族东巴文历史档案发掘利用初探》，《兰台世界》2010年第16期。

华林、韩南南、黄玉婧：《基于新疆民族地区稳定发展的少数民族档案发掘利用研究》，《档案学研究》2016年第6期。

华林：《论藏文历史档案的发掘利用》，《中国藏学》2003年第4期。

华林：《论云南少数民族文字古籍的开发利用》，《民族研究》1997年第1期。

黄凤平：《谋划发展，创新奋进，认真践行科学发展观，开创云南档案事业新局面——在全省档案局长馆长会议上的讲话》，《云南档案》2011年第2期。

黄凤平：《在西双版纳州古茶树资源调查和建档工作启动会上的讲话》，《云南档案》2010年第12期。

黄明芬：《创新征集思路，彰显茶城特色——普洱茶实物档案征集的探索与实践》，《云南档案》2011年第3期。

瞿楠香：《档案信息资源开发与利用服务关系研究》，《云南档案》2010年第7期。

李存梅：《创新优质服务 彰显工作特色和亮点》，《云南档案》2012年第5期。

李华：《论网络社会对民族档案编研创新要素的积极影响》，

《云南档案》2010 年第 3 期。

李俐颖、张艳欣:《非物质文化遗产的保护与开发利用》,《云南档案》2011 年第 3 期。

李涛、陈静波:《普洱茶:商标与往事》,《云南档案》2008 年第 10 期。

李蔚:《创新思维,积极探索档案资源整合新方法——非物质文化遗产档案征集与管理》,《云南档案》2011 年第 2 期。

梁屹峰:《锐意创新——全面提升档案利用体系的必由之路》,《云南档案》2012 年第 1 期。

刘彩桥、王娅:《现代云南民族档案编研与民族文化变迁研究》,《云南档案》2009 年第 4 期。

刘彩桥:《文化变迁背景下民族档案编研探析》,《兰台世界》2009 年第 14 期。

马仁杰、葛鸽:《论新世纪以来我国档案利用理论的发展——基于国家社科基金项目的统计分析》,《档案学通讯》2013 年第 4 期。

马自坤、吴婷婷:《白族大本曲的档案价值及其实现》,《云南档案》2011 年第 12 期。

穆英杰:《开发档案文化产品 展现档案文化价值》,《云南档案》2014 年第 3 期。

乔晓梅、谷凯波:《彝文古籍历史档案开发利用模式探析》,《云南档案》2008 年第 4 期。

权诺诺:《浅谈我国少数民族档案编研队伍》,《云南档案》2008 年第 4 期。

尚蓉、尚岑:《纳西族档案的开发与利用研究》,《兰台世界》2015 年第 32 期。

仝艳锋、杨博文：《云南傣族文献遗产研究价值与开发利用探析》，《档案学研究》2008年第6期。

王晋、李娅佳：《白族口承文艺的"物质化"保护和传承》，《兰台世界》2013年第14期。

王晋、舒宝淇：《白族口承文艺非物质文化遗产的保护和传承》，《兰台世界》2013年第26期。

王晋、舒宝淇：《白族石刻历史档案数字化展示刍议》，《四川图书馆学报》2014年第4期。

王娅：《构建云南少数民族档案文献数据库的动因探析》，《陕西档案》2012年第4期。

王娅：《构建云南少数民族档案文献数据库的优势》，《兰台世界》2012年第2期。

肖黎熠、子志月：《彝族毕摩经历史档案及其发掘利用》，《兰台世界》2009年第4期。

颜艳萍、陆阳：《傣文历史档案的种类及其开发利用》，《云南档案》1996年第6期。

杨汝鉴：《深入贯彻十七大精神　努力开创档案工作新局面》，《云南档案》2008年第2期。

杨艺：《白族古代文字档案史料研究》，《云南社会科学》1999年第4期。

杨艺：《论白文档案文献的开发利用》，《档案学研究》2000年第1期。

杨艺：《现存白族谱牒档案述评》，《中央民族大学学报》2000年第3期。

张鑫昌、郑文、张昌山：《民族档案学刍议：特征与任务》，《思想战线》1988年第1期。

赵红艳：《巍山谱牒档案及其开发利用刍议》，《云南档案》2010年第2期。

赵洋月：《白族历史档案及其发掘利用初探》，《云南档案》2009年第9期。

郑慧：《广西壮族历史档案及其开发利用》，《档案学通讯》2007年第5期。

郑荃、陈子丹：《云南藏文历史档案及其开发利用》，《档案学通讯》2007年第1期。

郑荃：《论纳西族东巴文古籍的价值及开发利用》，《思想战线》2000年第4期。

（二）报纸文章

何金平：《全力推动云南档案事业更好更快发展》，《中国档案报》2016年6月6日第3版。

李晓蓉：《云南省开展知名品牌普洱茶建档活动》，《中国档案报》2011年6月3日第1版。

尚大超：《少数民族家谱见证中华民族大家庭的形成——访上海图书馆研究员、〈中国少数民族家谱整理与研究〉课题组负责人王鹤鸣》，《中国民族报》2017年1月20日第10版。

杨祝庆：《推进中医药发展必须抢救保护利用档案文献》，《中国档案报》2016年1月4日第1版。

《云南：打造档案文化产品　助推普洱茶产业发展》，《中国档案报》2013年3月29日第1版。

（三）学位论文

陈海玉：《民族医药振兴背景下的西南少数民族医药档案遗产发掘利用研究》，博士学位论文，云南大学，2010年。

陈园园：《云南民族文化产业发展视野下的傣族贝叶档案发掘研

究》，硕士学位论文，云南大学，2010年。

丁秀梅：《云南民族历史档案在旅游文化资源开发中的应用研究》，硕士学位论文，云南大学，2009年。

董甜甜：《"非物质文化遗产"视角下大理白族特色档案的开发利用》，硕士学位论文，云南大学，2010年。

杜钊：《文化遗产保护视野下的大理白族档案发掘利用研究》，硕士学位论文，云南大学，2012年。

胡梁雁：《云南彝族医药古籍档案开发利用研究》，硕士学位论文，云南大学，2017年。

胡莹：《纳西族东巴文历史档案的发掘利用研究》，硕士学位论文，云南大学，2006年。

黄琴：《云南民族文化强省建设背景下傣文贝叶历史档案发掘利用研究》，博士学位论文，云南大学，2012年。

李明：《广西特色档案及其开发利用研究》，硕士学位论文，广西民族大学，2009年。

刘彩桥：《民族档案编研研究——以云南民族档案编研为例》，硕士学位论文，云南大学，2010年。

孙丽娜：《云南省佤族口述档案开发利用研究》，硕士学位论文，云南大学，2014年。

王淼哲：《白族民间契约档案发掘利用研究》，硕士学位论文，云南大学，2017年。

王旭东：《论档案文化资源的开发利用》，博士学位论文，云南大学，2013年。

吴婷婷：《情报学视角下白族大本曲信息资源的开发与保护》，硕士学位论文，云南大学，2011年。

肖敏：《白族历史档案信息资源的发掘与利用》，硕士学位论文，云南大学，2003年。

许姗姗：《彝族毕摩历史档案发掘利用研究》，硕士学位论文，云南大学，2012年。

余璐：《旅游人类学视域下纳西族档案价值及开发利用》，硕士学位论文，云南大学，2014年。

子志月：《云南少数民族口述档案开发利用研究》，博士学位论文，云南大学，2013年。

后　　记

本书是在我的博士论文的基础上修改完成的，论文的完成要感谢太多人。

我本科和硕士阶段学习的是会计专业，博士阶段学习档案学专业，对档案学理论知识缺乏深入了解和扎实掌握，专业基础比较薄弱，完成一部书稿实属不易！从选题、调研、收集资料、撰写，到书稿最终完成得到了很多老师、同学、同事的关心和帮助，我内心深处饱含深深的感激之情。我的导师陈子丹教授细细指导我，不仅百忙之中为我寻找相关材料，而且不厌其烦地反复为我修改斧正，提出宝贵意见和建议，启发我的写作灵感，督促我不断改进，倾注了大量的心血。在写作过程中，导师渊博的专业知识，严谨的求真精神，缜密的思维逻辑，诲人不倦的高尚师德，平易近人的人格魅力对我影响深远。在此谨向我的导师陈子丹教授表示深深的谢意和崇高的敬意。

同时，我的书稿写作还得到了张昌山教授、郑文教授、段丽波教授、杨慧教授的指导。周铭教授、华林教授多次对我的书稿结构、写作思路、资料收集提出宝贵意见。黄燕玲教授帮助我协调了相关的调研工作。期间，我还得到了王晋、黄体扬、王雪飞、郑宇等师兄师姐师弟师妹的热情帮助，得到了家人的理解、支持。在此对大家给予我的帮助、关心、支持表示万分感谢！

李娅佳

2021 年 12 月 20 日